本书的出版得到国家社会科学基金青年项目"家族治理与民营企业的成长：基于资源观的视角"（项目批准号：11CGL048）、国家社会科学基金一般项目"女性参与治理行为与家族企业成长研究"（项目批准号：17BGL081）的支持。

· 中国家族企业管理智慧丛书 ·

陈 凌 朱建安 主编

家族企业治理

家族、股东与高管的平衡术

◆

郭萍 陈凌 著

ZHEJIANG UNIVERSITY PRESS
浙江大学出版社
· 杭州 ·

图书在版编目（CIP）数据

家族企业治理：家族、股东与高管的平衡术 / 郭萍，
陈凌著. —杭州：浙江大学出版社，2022.12
ISBN 978-7-308-23295-1

Ⅰ.①家… Ⅱ.①郭… ②陈… Ⅲ.①家族—私营企
业—企业管理 Ⅳ.①F276.5

中国版本图书馆CIP数据核字（2022）第222533号

家族企业治理：家族、股东与高管的平衡术
郭　萍　陈　凌　著

出 品 人	褚超孚
策划编辑	张　琛　吴伟伟　陈佩钰
责任编辑	陈佩钰（yukin_chen@zju.edu.cn）
文字编辑	周　靓　金　璐
责任校对	许艺涛
装帧设计	雷建军
出版发行	浙江大学出版社
	（杭州市天目山路148号　邮政编码310007）
	（网址：http://www.zjupress.com）
排　　版	浙江时代出版服务有限公司
印　　刷	杭州宏雅印刷有限公司
开　　本	880mm×1230mm　1/32
印　　张	6.75
字　　数	139千
版 印 次	2022年12月第1版　2022年12月第1次印刷
书　　号	ISBN 978-7-308-23295-1
定　　价	78.00元

目　录

第一章

导　言

第一节　什么是家族企业

家族对企业的影响是家族企业与非家族企业最根本的区别。学者们试图通过所有权和管理权对家族企业进行定义：（1）所有权是界定家族企业的先决条件。家族拥有多数股权可以对公司产生决定性影响，但这不是必要条件。因为在有些上市公司中，20%~25% 的股权足以让家族股东对公司的战略决策产生决定性影响。（2）家族成员占据企业的关键管理岗位。不过，更多学者强调应该从所有权和管理权统一的角度对家族企业进行界定。也有学者认为，家族让其后代保持企业控制权的意图是家族企业的一个关键特征，因此，他们进一步强调了所有权和管理权在家族内代际传递的重要性。[1]

由此可见，学者们对家族企业的定义并不统一。本书将家族企业定义为：由一个家族或合伙家族中两个以上的家族成员拥有和（或）积极管理的企业。该定义表明了家族企业具有以下特征：

（1）家族通过所有权或管理权控制企业，家族成员受雇于公司的关键岗位；

（2）家族中至少有两名家族成员正式参与公司治理；

（3）家族在权衡与企业的共同利益中对企业政策施加影响；

（4）家族对企业的控制有世代延续的意图。

家族企业的规模

家族企业的规模普遍较小，不过也有一些家族企业是营收百亿美元的大型公司。安永与瑞士圣加仑大学联合发布了2019全球家族企业指数（Global Family Business Index 2019），统计出了全球最大的500个家族企业。[2] 表1-1列出了全球最大的10个家族企业以及家族持股的比例。

表1-1　全球十大家族企业以及家族持股比例

排名	公司名	国别	成立年份	年收入/亿美元	上市公司	家族占股/%
1	沃尔玛公司	美国	1962	4859	是	50.8
2	大众汽车公司	德国	1937	2879	是	52.2
3	伯克希尔-哈撒韦公司	美国	1955	2421	是	32.0
4	EXOR集团	意大利	1927	1708	是	53.0
5	福特汽车公司	美国	1903	1568	是	40.0
6	宝马汽车公司	德国	1916	1188	是	46.8
7	科氏工业公司	美国	1940	1100	否	84.0
8	嘉吉公司	美国	1865	1097	否	100.0
9	施瓦茨集团	德国	1930	1096	否	100.0
10	博世有限公司	德国	1886	946	否	99.0

资料来源：http://familybusinessindex.com。

根据全国私营企业抽样调查，中国家族企业也以中小企业为主。当然，上市家族企业中也有一些"巨人"级别的企业，比如何享健家族的美的集团、杨惠妍家族的碧桂园、王传福家族的比亚迪、黄光裕家族的国美电器、刘宝林家族的九州通、刘永好家族的新希望、温鹏程家族的温氏集团、许荣茂家族的世茂房地产、吴亚军家族的龙湖地产以及黄壮勉家族的飞马国际等，这些上市家族企业在 2016 年的营业总收入都超过了 500 亿元人民币。[3]

在世界经济中的地位

无论是小公司还是世界级的大型公司，家族企业遍布世界各个角落（见表 1-2）。在许多国家和地区，家族企业占企业总数的 70% 以上，在经济增长和劳动力就业中发挥着关键作用。尤其是家族所有型企业，数量占世界企业的三分之二，创造了世界上大多数的经济产出、就业和财富。中国自 1978 年改革开放以来，出现了一大批民营企业。在政府一系列鼓励和支持政策下，民营经济迅速发展。据普华永道 2018 年的家族企业调查，截至 2017 年底，2700 万家民营企业中家族企业占大多数；在 A 股上市的所有民营企业中，家族企业占据了 55.7%。[4]

表 1-2 世界各地家族企业的普遍性

国家 / 地区	家族企业的普遍性
美国	美国最大一部分的财富来自家族企业；家族企业占北美所有商业企业的 90%[5]

续表

国家 / 地区	家族企业的普遍性
加拿大	家族企业占私营企业的 63.1%，创造了私营企业 GDP 的 48.9% 和 46.9% 的就业机会 [6]
拉丁美洲	家族企业贡献了拉美 GDP 的 60%，雇用了 70% 的劳动力 [7]
澳大利亚	家族企业占企业总数的 67%，提供了 55% 的私营企业就业岗位 [8]
英国	家族企业占私营企业的 87.6%；雇用了私营企业人数的一半以上，贡献英国 GDP 的 31%[9]
德国	90% 以上的企业都是家族企业，贡献了 58% 的就业机会 [10]
意大利	家族企业占据企业总数的 85% 以上，雇用人数约占就业总人数的 70%[11]
西班牙	家族企业占企业总数的 85%，贡献了 70% 的 GDP 和 67% 的私营企业就业机会 [12]
葡萄牙	70%~80% 的葡萄牙企业为家族所有，雇用了 50% 的劳动力，贡献了三分之二的 GDP [13]
瑞典	家族企业贡献了瑞典 GDP 的三分之一以上，雇用了总就业人数的三分之一 [14]
比利时	家族企业占企业总数的 77%，提供了 45% 的工作岗位，贡献了全国 GDP 的三分之一 [15]
奥地利	近 90% 的奥地利企业是家族企业，雇用了 68% 的就业人口，并贡献了 60% 的销售额 [16]
芬兰	70% 的芬兰企业是家族企业，雇用了企业就业人数的 37.4%，贡献了 24.8% 的营业额 [17]
希腊	52% 的希腊企业是家族企业 [18]
匈牙利	家族企业贡献了全国 GDP 的 40%~50%[19]
爱尔兰	约 75% 的爱尔兰企业是家族所有企业，贡献了 50% 以上的 GDP 和约 50% 的就业机会 [20]
荷兰	家族企业占所有企业的 71%，贡献了总营业额的 27%，雇用了员工总数的 29%[21]
挪威	约 70% 的挪威有限责任公司是家族企业 [22]

国家 / 地区	家族企业的普遍性
南非	80% 以上的南非企业都是家族企业，在约翰内斯堡证交所成立初期上市的公司中，有 60% 以上是家族企业 [23]
中东	90% 的企业是家族所有企业，贡献了 80% 的 GDP，雇用了 GCC 七国 70% 的劳动力 [24]
新加坡	家族企业贡献了全国 GDP 的 70%，雇用了 50% 的劳动力 [25]
印度	家族企业占企业总数的 85%，贡献了工业产出的 90%，雇用了私营企业 79% 的劳动力 [26]
韩国	64 家韩国家族企业集团的收入占全国 GDP 的 84% [27]
日本	家族企业占据日本企业的 62.1%，贡献了总销售额的 27.3%，雇用全国员工总数的 37.6% [28]
中国	民营企业对国民经济的税收贡献超 50%，投资占比超 60%；其中，家族企业约占民营企业的 85.4%，雇用了 78.6% 的民营企业员工数 [29]
中国台湾	超过 70% 的企业是家族企业，其市值占中国台湾公开上市和场外交易企业的 60% 以上 [30]
中国香港	家族企业对中国香港经济做出了重大贡献，目前中国香港上市企业中有近 70% 都是家族所有 [31]

资料来源：对应于参考文献 [5]-[31]。

家族企业的优势

家族企业之所以能在全世界如此普遍，是因为这种组织形态拥有天然的竞争优势。基于资源基础观，企业持久竞争优势的源泉在于其拥有的独特资源与能力。

信任 在大多数成功的家族企业中，信任是独一无二且非常明显的。家族成员之间的信任是与生俱来的。有了这种固有的信任，家族企业领导层可以更开放、更自由地交流、讨论或表达不同意见。随着领导层信任感的增强，员工们也可以享受更自由可靠的空间，从而萌生更出色的商业创意。

忠诚和承诺　企业中的家族成员往往表现出对彼此和对企业强烈的忠诚度。他们会对企业的成长做出更多承诺，对企业有更强的奉献精神。家族成员之间的亲密关系可以让他们对企业产生强烈的归属感，进而促进整个家族的凝聚力，为企业的持续成功提供更多机会。

长期导向　家族企业往往不太受短期财务结果的驱动，并准备牺牲短期收益来实现长期目标，这使他们能够根据战略目标调整资源部署。这种长期导向，如果得到适当塑造和明智利用，将有助于家族企业做出创造性的决策和可持续发展。

稳定性　家族企业有机会创造持久的资产和财富，带来成就感和强烈的自豪感。在先辈努力的基础上再接再厉，是后代成为家族企业守护者并以家族名义将其推向新高度的强大动力。家族声誉、诀窍知识和价值观都是家族的宝贵财富。创始人将自己的企业和个人价值观传授给下一代家族成员，家族成员在维护这些价值观并将其融入企业和个人活动的过程中，实现、保持和提升企业稳定感。

灵活性　家族企业可以利用家族成员的劳动力资源。家族成员对企业更加忠诚，也更愿意同时承担几个不同的工作职能，并能在家族企业需要的时候灵活地替代他人。这种灵活性和奉献的意愿超出预期，推动着家族企业对行业的理解和持续的成功。

降低成本　在企业困难或资金紧张时期，家族成员愿意为企业贡献自己的财务资源；也有家族成员为了企业发展低薪甚至无偿提供自己的劳动。而且，来自企业的利润可以进行再投资，不需要支付高额红利，也不会产生高额的债务利息。这会降低家族企业的成本，增强企业的财务能力。

家族企业的劣势

当然，凡事有利就有弊。家族企业被外界诟病的主要缺陷有以下方面。

裙带关系 将缺乏相关技能和经验的家族成员安排到关键岗位，而不是雇用外部专家来负责，这可能导致紧张的工作环境并对企业的成功产生负面影响。家族企业任人唯亲的做法可能将外部管理人才"拒之门外"，不利于家族企业的成长与现代转型。

家族冲突 任何企业都有冲突，但家族内部的冲突可能波及董事会和管理层会议；家族成员在企业经营管理中的矛盾也可能破坏原先的家族关系。重重矛盾会破坏企业运营的稳定性，也让家族关系处于危险之中。

缺乏继任规划 许多家族企业缺乏接班计划。第一代企业主对所创立企业的情结或许是他们不愿意放手或者"退位"的原因。上了年纪的创始人在企业中强势贯彻他们的理念，年轻的二代因为难以展示才华而感到沮丧。在创始人不得不退休或者发生意外时，缺乏准备的二代成员无力经营或者兄弟姐妹之间的争权夺利导致企业有效经营中断。当然，还有一种新趋势需要企业家们的关注——二代们更青睐金融投资而不愿意接班时，家族企业该何去何从？

2018年11月8日，普华永道发布的2018年全球家族企业调研中国报告《价值观和理念打造中国家族企业竞争优势》显示：仅有21%的内地家族企业表示目前有制订继任计划，低于香港的43%及全球49%的平均值。仅有10%的内地家族企业和11%的香港家族企业已制订完善、正式和经过沟通的继任计划（全球平均值：15%）。在没有继任计划的家族企业当中，26%的内地家族企业和38%的香港家族企业打算制订继任计划。[32]

第二节 家族企业为何与众不同

家族企业的独特性来自其结构的复杂性和动态性。与非家族企业不同，家族企业是由家族、所有权和管理三个相互交叉、相互影响和相互依赖的子系统构成。这一概念最早是由盖尔西克等在《家族企业的繁衍》一书中系统阐述的，并用三个环把它表示出来，后来便成了众所周知的"三环模型"，如图 1–1 所示。[33]

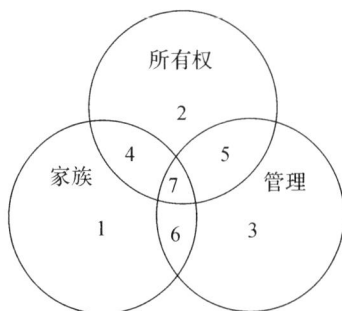

图 1–1　家族企业的三环模型

结构的复杂性

图 1–1 所显示的开放系统，每个子系统都保持各自的界限，

把自己同其他子系统以及家族企业的外部环境分离开来。但是，子系统之间又会相互影响，比如家族子系统对所有权子系统和管理子系统有着强烈影响，反之亦然。一个子系统与它所处的整个系统是不能分割的。因此，当把三个系统（包括其相互影响和相互依赖的关系）当作一个整体系统来研究时，家族企业的独特性也就容易理解了。

在图 1-1 中，家族企业里的个体会因为在系统中所处的位置不同被划分成 7 种身份，具体来说：

位置 1：一重身份，没有股权、不在企业从事管理工作的家族成员。

位置 2：一重身份，不在企业从事管理工作的非家族股东。

位置 3：一重身份，没有股权的非家族经理。

位置 4：两重身份，不在企业从事管理工作的家族股东。

位置 5：两重身份，拥有股权的非家族经理。

位置 6：两重身份，没有股权的家族经理。

位置 7：三重身份，拥有股权的家族经理。

家族企业的动态性

以上 7 种身份群体的划分并非在家族企业创业之初就存在，而是随着家族企业的生命周期发展逐渐演化出来的。在此过程中，不同身份群体的目标不同可能造成多种冲突，如图 1-2 所示。

企业初创期 借助家族或者亲朋好友的资金、人力、关系网络等资源，创始人往往既是所有者又是管理者，此时家族、管理和所有权三个系统高度重合。家族成员、所有者和管理者合三为一，减少了可能的目标冲突以及对正式治理机构和配套治理机制的需求。

企业成长期 企业的成长需要更多管理人才。随着职业经理人进入家族企业，家族所有权系统开始与管理系统分离。管理系统主要聚焦于财务目标（比如增长利润），但控股家族则更看重社会情感财富（比如家族对企业的控制、家族成员对企业的认同、紧密的社会联系、家族成员间的情感依恋以及家族代际传承等），社会情感财富往往无法通过纯粹的财务方式来衡量。[34]与此同时，职业经理人与家族股东之间的目标也可能出现分歧：前者的目标是自身利益的最大化（比如在职消费），这显然与控股家族的目标不一致。

企业成熟期 随着企业进入成熟期，创始人也到了中年或晚年，其子女陆续完成正规教育开始职业生涯，创一代和二代之间的所有权和领导权的转移问题逐渐显露出来。从所有权系统来看，创始人控制型的股权结构向兄弟姐妹合伙制或堂兄弟姐妹合作制转变；家族系统内部也开始裂变出不同身份的群体。比如，有的兄弟姐妹是股东兼经理，他们希望通过留存利润的再投资实现增值；而其他兄弟姐妹则仅仅是股东，他们可能更看重分红。如果家族繁衍至第三代或第四代，不在企业从事管理工作的家族股东或者没有雇佣关系的家族成员会越来越多。所有权系统在裂变的同时，管理系统和所有权系统之间也可能进一步分离，这将大大影响家族后面几代人的凝聚力以及对企业的承诺。

在成长期或者成熟期，如果家族企业选择上市或者引入外部投资者，所有权系统就不仅仅包括家族股东了。外部股东的进入可能使家族企业的发展不能完全符合控股家族的意愿，由此引发出新的治理问题。

家族企业冲突

随着家族企业的动态发展，家族、所有权和管理三个子系统会逐步分化，从而产生不同身份的个体。由于身份不同，各自看待问题的视角与出发点也不相同，目标也各异。这不可避免地带来多种冲突，给家族企业的治理带来挑战。基于三环模型，家族企业的冲突与非家族企业存在以下差异。

冲突的复杂性　相对于非家族企业而言，家族企业有更多的角色身份，面临更多的内部冲突，而且冲突涉及的层面也更为复杂。图1-3中，家族与股东之间的冲突有：所有权继承、股权持有、股权回购或流动性等；股东与管理层之间的冲突有：董事会的构成、收益分配、风险和增长目标等；家族与管理层之间的冲突有：家族成员的雇佣、薪酬和福利、退休年龄、领导权继承和家族决策权等。

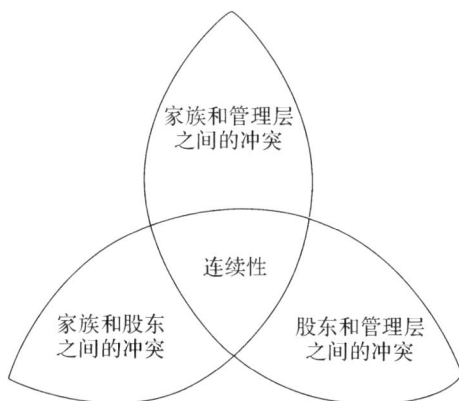

图 1-3　家族企业子系统三环交叉冲突模型

资料来源：舒曼，斯图茨，沃德. 家族企业治理：矛盾中繁荣 [M]. 杨晶，译. 北京：东方出版社，2013.

冲突的锁定效应　当冲突双方都是家族成员时，冲突具有锁定效应，很难通过其中一方离开企业的方式来解决。因为家族成员往往依附于家族企业，缺乏类似于非家族员工那样的低成本退出机制。如果冲突的一方选择退出企业，可能会付出沉重的代价——不但持有的企业股份难以按市场价格出让，还可能丧失只有家族成员才能享受的优厚薪酬和特殊待遇，甚至有可能失去家族地位、继承权乃至有关企业经营的隐性知识和外部关系网络。因此，绝大多数家族成员宁愿承受冲突的负面影响，也不愿意自谋出路。

冲突的解决机制　家族涉入可能引发的父子相争、夫妻反目和兄弟相煎等，使这些冲突的解决不能单纯依靠"理"与"法"，俗话说"清官难断家务事"，家族企业冲突的解决还需要重视"情"。当家族内部出现矛盾时，往往需要"首席情感官"在其中进行情感沟通与调解；家族成员在企业中的分歧还需要熟悉家族的老朋友或者顾问出面斡旋、协调解决。从"治未病"的视角来看，树立和谐的家族文化，让家族成员共享发展目标是预防家族企业多种冲突的长效机制，即家族企业冲突的解决需要情理法交融。

第三节　家族企业需要全面治理

　　家族企业的特殊结构使其治理必须涉及三个子系统，每个子系统的治理都需要对其他两个系统负责。如果忽略其中任何一个系统，都可能给其他系统带来连锁反应，并产生巨大的破坏力。这从双汇万氏父子冲突案例中可以管窥一二，[35] 事件发展如图 1-4 所示。

　　2021 年 8 月 17 日，双汇发展（000895）、万洲国际（0288.HK）董事长万隆的长子万洪建在公众号"新肉业"上发表署名文章《我眼中的父亲和万隆》，披露了父亲损公肥私、偷税漏税、违规关联交易、包养情妇的种种不当行为。万氏父子冲突以异常激烈的方式出现在媒体的聚光灯下。

　　万氏父子的矛盾由来已久。2013 年，万洪建就在双汇收购美国最大猪肉企业史密斯菲尔德食品公司（Smithfield Foods，Inc.）事件中与父亲产生分歧。他认为跨国收购不但金额大，而且风险高，因而主张聚焦中国市场。第一次分歧双方没有发生争吵，谏言没有得到父亲重视的万洪建辞职离开了万洲国际。2015 年，因万隆身体查出疾病，父子间的关系逐渐解冻。万洪建在接到万隆的电话之后重新回归万洲国际，并时常陪同父亲去日本看病。然而，这段和睦的天伦时光没有持续多久，由于后来发现万隆的病情是误诊，两人的关系又"慢慢开始变差"。

父子关系再次恶化的原因也许和创始人不愿退位也不愿放权有关。出生于 1940 年的万隆吃过很多苦，有 8 年当兵的经历，所以他的性格严厉且强硬。加上他一手缔造了两个上市公司，过度自信使他不容许别人质疑他的决策，对传承问题也一直讳莫如深。年纪早已过了 75 岁的创始人在双汇与万洲的经营过程中仍强势贯彻自己的理念，这让在企业已历练近 30 年的长子万洪建因为才华得不到展示而倍感沮丧。2018 年底，作为万洲国际副总裁的万洪建开始组织人员进行中式产品的研发、生产和销售。万隆对此十分反感，还派人从财务、审计、市场稽查等方面检查中式产品的生产是否有问题……父子矛盾不断升级。

2020 年 11 月 20 日万洪建在双汇—万洲国际的视频会议中提出发展中式肉制品的建议，双方矛盾逐渐公开化。对于万洪建来说，他想通过此举来获得公司上下的认同并树立自己的权威，但在万隆看来，这无疑是对家长权威的忤逆和挑衅，为后来罢免"太子爷"的决议埋下伏笔。2021 年 6 月 3 日，父子俩由于 CEO 人选问题在万隆办公室发生争执，万隆的女秘书让万洪建出去，这再次刺激了万洪建的情绪，导致他"用拳头砸门，用头撞玻璃墙柜"的过激举动。半个月之后，万洲国际对外发布公告，以"万洪建先生近期对公司财物做出不当攻击行为"为由，罢免万洪建一切职务。

万氏父子冲突是从企业系统引爆的，背后却透露出"伤痕累累"的家族系统：（1）万氏家族有个看似正式的家族议事机构——父子三人小组，但父子之间从未形成平等、开放的沟通氛围，这个议事机构仍然是强势父亲的"一言堂"。创始人也从不愿意在这个核心议事机构中提及两个儿子关心的传承问题（股权规划和管理权规划）。（2）万氏家族也缺乏非正式治理机制。由于"万隆和秘书姘居时间近20年……无情地把母亲一个人孤零零抛弃在漯河，也不允许别人把她接到香港"，原本可以充当父子冲突"润滑剂"的母亲无法充当首席情感官角色，万氏父子之间的矛盾一直无法得到疏通与释放。（3）尤其是万隆女秘书的存在，导致父子之间的正常沟通渠道受阻。据万洪建所述，他与妻子能否见父亲也需要得到这位女秘书的同意。在缺乏有效沟通和调解的情况下，父子间的经营路线之争使他们的家族关系进一步恶化。2021年6月3日，父子不欢而散的结果在女秘书的加持下迅速升级，万隆与万洪建之间直接闹僵，造成无法愈合的鸿沟。8月17日，万洪建公开接受采访指责父亲，父子的情感裂痕已经没有可能修补。截至2021年8月19日收盘，万洲国际股价跌近 12%，市值蒸发逾 170 亿港元，双汇发展市值蒸发逾 250 亿元。

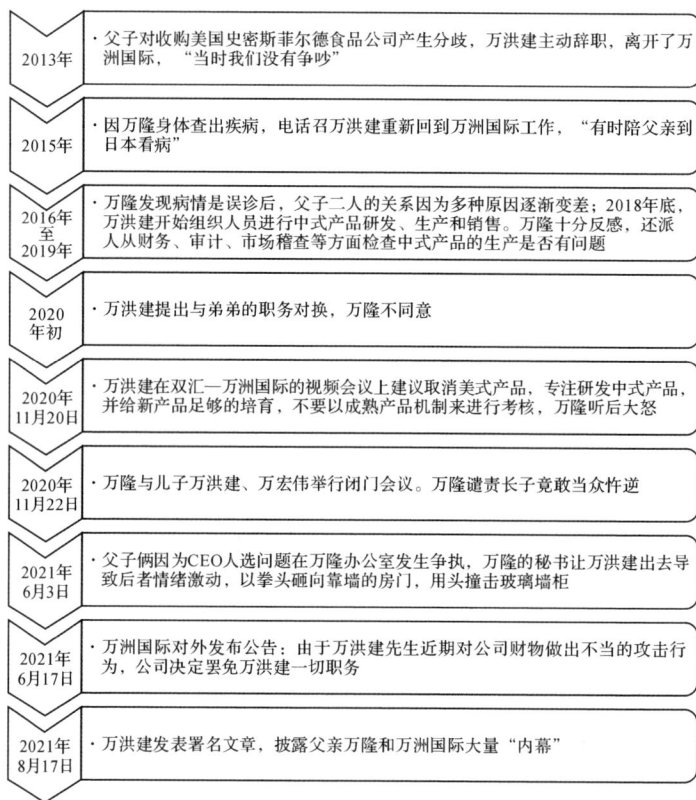

2013年	· 父子对收购美国史密斯菲尔德食品公司产生分歧，万洪建主动辞职，离开了万洲国际，"当时我们没有争吵"
2015年	· 因万隆身体查出疾病，电话召万洪建重新回到万洲国际工作，"有时陪父亲到日本看病"
2016年至2019年	· 万隆发现病情是误诊后，父子二人的关系因为多种原因逐渐变差；2018年底，万洪建开始组织人员进行中式产品研发、生产和销售。万隆十分反感，还派人从财务、审计、市场稽查等方面检查中式产品的生产是否有问题
2020年初	· 万洪建提出与弟弟的职务对换，万隆不同意
2020年11月20日	· 万洪建在双汇—万洲国际的视频会议上建议取消美式产品，专注研发中式产品，并给新产品足够的培育，不要以成熟产品机制来进行考核，万隆听后大怒
2020年11月22日	· 万隆与儿子万洪建、万宏伟举行闭门会议。万隆谴责长子竟敢当众忤逆
2021年6月3日	· 父子俩因为CEO人选问题在万隆办公室发生争执，万隆的秘书让万洪建出去导致后者情绪激动，以拳头砸向靠墙的房门，用头撞击玻璃墙柜
2021年6月17日	· 万洲国际对外发布公告：由于万洪建先生近期对公司财物做出不当的攻击行为，公司决定罢免万洪建一切职务
2021年8月17日	· 万洪建发表署名文章，披露父亲万隆和万洲国际大量"内幕"

图 1-4 双汇万氏父子冲突事件

双汇案例说明，如果没有系统地鼓励控股家族关注共同的治理流程，企业系统往往在家族成员的行动中占据优先地位，而家族系统也必须得到治理的事实却没有引起充分的认识与重视。家族问题得不到解决会进一步恶化，或者在董事会／管理层"浮出水面"。此时，家族企业潜在的竞争优势可能转化为负资产，最终拖累其他两个子系统。

家族股东之间的分歧可能引发冲突，更有甚者会诉诸法律手段。后果是扰乱企业的战略规划，束缚管理层的行动；持续多年的法律诉讼还将耗费公司大量资产。香港镛记酒家甘氏兄弟争产案就是众所周知的例子。[36-38]

香港镛记酒家创立于 1942 年，最初以烧味大排档起家，逐步发展成为资产达 10 多亿港元的"饮食王国"。从 20 世纪 60 年代开始，创始人甘穗辉的三个儿子甘健成、甘琨礼和甘琨岐陆续进入酒家，分工合作、与父亲共同打理家族产业。1979 年，时年 66 岁的甘穗辉退休，大儿子甘健成接班成为酒家的掌舵人。2004 年甘穗辉去世，甘家兄弟刚开始还能和睦相处，但时间一长，甘健成和甘琨礼在公司运营和发展策略上意见相左。甘健成想法比较传统保守，而甘琨礼认为传统经营办法行不通，无法使镛记在激烈竞争的时代中生存下去。兄弟俩针对"是否新开一家机场分店"的问题爆发激烈争吵，导致镛记没能成功拍得那个地块，兄弟二人的冲突由此摆上台面。

甘健成、甘琨礼原各持有镛记控股 35% 的股份；母亲麦少珍及三弟甘琨岐、妹妹甘美玲各持有 10% 的股份（他们不参与经营只能分红）。这也是甘老爷子有意设计的股权结构，以便在长子与次子之间达成平衡。但 2007 年甘琨岐去世，其持有 10% 的股份转让给了二哥甘琨礼，这导致甘琨礼持有镛记控股的股份增至 45%。2009 年母亲麦少珍将她 10% 的股份赠予甘健成，使甘健成和甘琨礼的股权暂时回归均衡。2010 年妹妹甘美玲站到了二哥一边，将其持有 10% 的股份转让给甘琨礼，兄弟俩的股权平衡状态再次被打破。随后，甘琨礼利用多数股权优势修改了公司章程并重组董事会，委任自己的儿子甘连宏成为第三名董事，女儿甘荞成为候补董事，彻底控制了董事会。甘琨礼还夺过了原本一直由甘健成负责的人事管理权和对外发言权，并在未经甘健成同意的情况下改变市场营销策略。

逐渐丧失控制权的甘健成在协商无果后，一纸诉状将兄弟甘琨礼告上法庭。2010 年 3 月，甘健成要求甘琨礼收购其持有的镛记控股 45% 的股份，否则将申请把镛记酒家的母公司镛记控股清盘。香港初审法院和香港高等法院均认为，镛记控股是在英属维尔京群岛（British Virgin Islands）注册的公司，香港法院没有对"非香港公司"强行要求控股清盘的管辖权，故一审结果败诉。甘健成不服判决，2012 年继续上诉，不幸没等到终审结束便离开人世，他的两个儿子就帮父亲上诉到终审法院。终审认为，虽然镛记控股并非在香港注册，但其经营人、法人、经营地点都在香港，与香港具有充分联系，故香港法院具有司法管辖权审理该清盘申请。而且，鉴于甘琨礼私下获得股份并逐步侵占管理权的行为确实构成了对甘健成利益的不公平损害，故判甘琨礼按照诉讼人的诉讼执行。

以上案例暴露出铺记酒家的所有权系统缺乏治理：（1）家族股权如何进行转让、回购和退出，甘氏家族对此没有制定任何协议或达成基本共识；（2）董事会构成也不合理，所有董事皆是家族成员不利于制定高效决策，也难以在家族与企业之间构建"防火墙"。因为家族董事之间的分歧处理不好，就容易使所有权方面的冲突传导给家族系统，导致家族关系恶化和矛盾双方的彻底对立。

当然，除了所有权系统的问题之外，甘氏家族系统也缺乏治理机制。第一代创始人甘穗辉老先生从未花时间系统地安排和规划接班事宜，[39] 长子甘健成十几岁就进入了铺记，从厨房帮工到后来逐渐接管酒楼的运营。而次子甘琨礼从中国台湾的一所大学获得工程学位之后，也加入铺记，打理家族日益增长的房地产投资。两兄弟在公司日常管理中不需要也不愿意互动。在需要做决策的时候，老父亲总会扮演仲裁者的角色。甘老先生去世后，没有他从中协调，两兄弟在餐厅内外的事务上难免出现分歧。一些成功的家族企业往往善于借用女性的优势疏导矛盾，但在本案例中，无论是母亲还是妹妹，不但没有保持中立，反而加入了"战斗"，导致兄弟之间不能以此为基础来解决彼此间的矛盾。

由此可见，家族企业的三个子系统既相互影响又相互依赖，忽略任何一个子系统的治理，都可能导致该系统内的冲突拖累其他两个子系统。所以，要最大限度发挥家族企业的独特优势，必须提倡全面治理的理念。

本书的整体框架

家族企业治理，是指用于协调家族企业的所有者、高层管理者以及家族成员等不同类型利益相关者的责权关系，以及同一类型利益相关者内部关系的一整套契约安排。其中家族成员可能同时扮演控制人、股东、董事、高层管理者等角色中的某一种或几种，并且企业的所有权、控制权、管理权会在不同代际家族成员之间进行传承，因此家族企业治理的制度安排要比非家族企业治理更为复杂，包含了家族治理、所有权治理以及高管层治理三套各自独立又相互重叠、彼此影响的并行治理机制（见图1-5）。

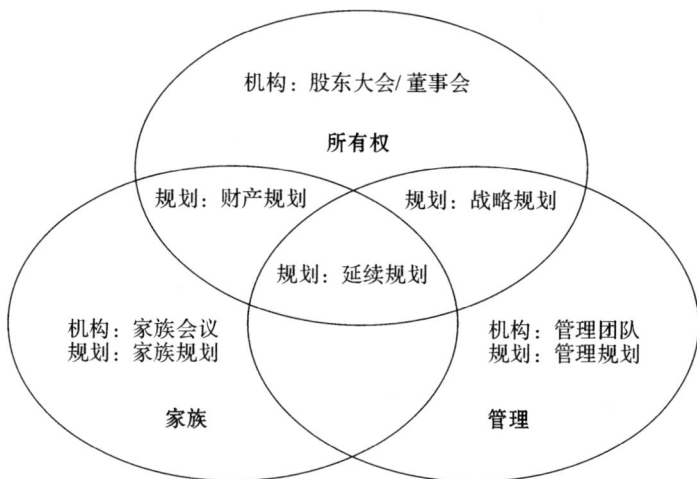

图 1-5 家族企业治理制度安排

基于家族企业三环模型，每个子系统都应该有相应的治理机构和规划。虽然三个子系统是相互独立的，各自的决策可以单独制定，但交叉重叠领域需要跨系统的沟通和协作。因此，本书按照以下思路安排章节。

第一章介绍基础概念和全书的框架体系。

第二章以家族治理为核心，家族委员会将治理家族并制定家族规划（比如家族雇佣政策、家族教育规划、家族股权协议及家族宪法等）。

第三章以所有权治理为核心，股东大会和董事会将治理所有权系统，并负责战略规划、延续性规划和继任规划；处理好董事会与控股家族之间的沟通与协作。

第四章以职业经理人治理为核心，控股家族需要为职业经理提供有效的激励约束方案，招聘并留住有才能的经理人；处理好关键的职业经理和控股家族的沟通与协作。

第五章介绍了家族企业治理的演进过程，强调了变革和调整的必要性以及对家族企业领导的要求。

家族企业治理会随着家族与企业的动态以及家族涉入的程度表现出多样性、动态性的特征。鉴于此，本书在提供原则性知识的基础上，辅之以案例分析形式配合说明。其中，典型华人家族企业的本土案例居多。我们希望通过介绍华人家族在治理家族与企业过程中的做法，来梳理不同国家家族企业治理的共性与特色。不过，家族企业治理没有"放之四海而皆准"的最佳做法，只有适合各自家族特质和家族企业情境的做法才能发挥良好作用。

第四节　小　结

1. 家族企业在全世界都非常普遍，是许多国家经济增长的主要发动机。家族企业的独有特性带来了内在的竞争优势，但也存在一些天然的脆弱性和劣势。

2. 家族企业是由"家族—所有权—管理"三个子系统共同组成的复杂动态系统。这三个子系统的边界会随着各自生命周期的变化发生移动，从而在家族企业内部演化出不同个体。他们看待问题的立场和方式都会有不同，经常对企业的长期财务安全、竞争适应性以及代际延续带来威胁。

3. 家族企业的有效治理必须涉及家族、所有权和管理三个系统，每个子系统的治理都需要对其他两个系统负责。其宗旨是通过建立制度与流程来保证家族利益与企业利益均获得尊重。

参考文献

[1] 珀扎.家族企业 [M].付彦，译.北京：中国人民大学出版社，2005.

[2] 普华永道.2018 年全球家族企业调研——中国报告 [EB/OL].(2018-11-09)[2021-09-02]. https://www.docin.com/p-2148981346.html.

[3] 2019 全球家族企业 500 强出炉 [N].第一财经，2019-02-22.

[4] 福布斯中文版官网.2017 年福布斯中国家族企业榜单 [EB/OL].(2018-05-24)[2021-09-02].https://www.forbeschina.com/lists/1136.

[5] Inc..Family-Owned Businesses[EB/OL].(2021-01-05)[2021-08-22].https://www.inc.com/encyclopedia/family-owned-businesses.html.

[6] The Conference Board of Canada.The Economic Impact of Family-Owned Enterprises in Canada[EB/OL].(2019-10-15)[2021-08-22].https://familyenterprise.ca/wp-content/uploads/2020/01/CBOC-2019-Family-Owned-Enterprises-Impact-Report.pdf.

[7] EY. Family Business 2014 Yearbook-Latin America[EB/OL].(2014-07-28)[2021-08-22]. https://www.slideshare.net/GilbertoPorto2/ey-family-business-2014-yearbook-latin-america.

[8] KPMG. Australian Family Business Survey 2021 [EB/OL].
(2021-05-31)[2022-05-27]. https://home.kpmg/au/en/home/
insights/2021/05/family-business-survey-2021.html.

[9] IFB.The State of the Nation: The UK Family Business Sector
2019-2020[EB/OL].(2020-09-30)[2021-08-22].https://www.ifb.
org.uk/media/4306/the-family-business-sector-report-2019-
20-briefing.pdf.

[10] The Foundation for Family Businesses in Germany and Europe.
How Family Businesses Make A Contribution to Society and
the State[EB/OL].(2020-09-21)[2021-08-22].https://www.
familienunternehmen.de/focus/the-economic-significance-of-
family-businesses.

[11] AIDAF.Family Businesses in Italy[EB/OL].(2016-05-02)[2021-
08-22].https://www.aidaf.it/en/aidaf-3/1650-2/.

[12] BARDILEY D. Peninsula Performance: Family Business in
Spain[EB/OL].(2018-08-29)[2021-08-22].https://www.
campdenfb.com/article/peninsula-performance-family-
businesses-spain.

[13] MARQUES A P, COUTO A I. SMEs Family Smes: Specificities
from the Portuguese Socio-Business Context[J].European Journal
of Economics and Business Studies,2017,3(2):190-199.

[14] Statistics Sweden.One in Three Employees in Sweden Work in A

Family-Owned Enterprise[EB/OL].(2017-02-10)[2021-08-22]. https://www.scb.se/en/finding-statistics/statistics-by-subject-area/labour-market/other/focus-on-business-and-labour-market/pong/statistical-news/focus-on-business-and-labour-market-2016/.

[15] LAMBRECHT J, MOLLY V. The Economic Importance of Family Businesses in Belgium[EB/OL].(2011-01-01)[2021-08-22].https://www.researchgate.net/publication/259828889.

[16] Bundeaministerium Digitalisierung & Wirtschaftsstandort. Report on the Situation of SMEs in Austria 2019 Executive Summary [EB/OL].(2019-12-31)[2021-08-22].https://www.bmdw.gv.at/dam/jcr:9a60dc2a-c2cc-4a8e-b9df-2e1832751040/Report%20on%20the%20situation%20of%20SMEs%20in%20Austria%202019%20%20Executive%20Summary.pdf.

[17] Statistics Finland.Family Business in Finland[EB/OL].(2017-01-11)[2021-08-22].https://www.europeanfamilybusinesses.eu/uploads/Modules/Publications/finland-fam-bus.pdf.

[18] VASSILEADIS S, VASSILIADIS A. The Greek Family Businesses and the Succession Problem[J].Procedia Economics and Finance,2014(9):242-247.

[19] SZABO A. Family Business in Hungary[C].MEB 2012 -10th International Conference on Management, Enterprise and

Benchmarking,2012–06–01.

[20] CLINTON E, BROPHY M. Family Businesses – Bedrock of the Economy[EB/OL].(2012–12–31)[2021–08–22].https://www.dcu. ie/sites/default/files/centre_for_family_business/Family%20 Businesses%20%20bedrock%20of%20the%20economy.pdf.

[21] Statistics Netherlands(CBS).Family Businesses in the Netherlands[EB/OL].(2017–04–21)[2021–08–22]. https:// www.cbs.nl/–/media/_pdf/2017/35/family–businesses–in–the– netherlands.pdf.

[22] EY. The Norwegian Family Entreprise Analysis 2019[EB/OL]. (2019–08–25)[2021–08–22]. https://assets.ey.com/content/dam/ ey–sites/ey–com/no_no/topics/family–business/the–norwegian– family–business–analysis–2019.pdf.

[23] PHIKISO Z, TENGEH R K. Challenges to Intra–Family Succession in South African Townships[J]. Academy of Entrepreneurship Journal,2017,23(2):1–13.

[24] EY. Family Business in the Middle East: Facts and Figures[EB/ OL]. (2014–12–01) [2021–08–22]. https://familybusiness.ey-vx. com/pdfs/page–65–66.pdf.

[25] Family Firm Institute.Global Data Points[EB/OL]. (2018–10–16) [2021–08–22]. https://www.ffi.org/page/globaldatapoints.

[26] Deloitte.From the Family to the Firm: A View through the Indian

Prism. Deloitte Touche Tohmatsu India Private Limited[EB/OL].
(2013-01-26) [2021-08-22].https://www2.deloitte.com/content/
dam/Deloitte/in/Documents/human-capital/in-hc-from-the-
family-to-the-firm-noexp.pdf.

[27] KIHASA News.S. Korean Chaebols Comprise 84% of GDP but
Only 10% of Jobs [EB/OL].(2020-06-15)[2021-08-22]. https://
www.kihasa.re.kr/en/board/news/view?seq=14301.

[28] MORIKAWA M. Productivity and Survival of Family Firms in
Japan[J].Journal of Economics and Business,2013(70):111-125.

[29] 中国民 (私) 营经济研究会家族企业研究课题组 . 中国家族企
业发展报告 (2011)[M]. 北京：中信出版社，2011.

[30] KPMG.Family Business Services[EB/OL].(2016-07-28)[2021-
08-22].https://home.kpmg/tw/en/home/insights/2016/07/family-
business.html.

[31] PENG W. Message from the Director[EB/OL].(2018-05-30)
[2021-08-22].http://www.afbes.ust.hk/eng/message_from_the_
director.Html.

[32] 普华永道 . 2018 年全球家族企业调研——中国报告 [EB/
OL].(2018-11-09)[2021-09-02]. https://www.docin.com/
p-2148981346.html.

[33] 盖尔西克 . 家族企业的繁衍：家庭企业的生命周期 [M]. 贺敏，
译 . 北京：经济日报出版社，1998.

[34] 卡洛克，沃德. 家族企业最佳实践：家族和谐与企业成功的双层规划流程 [M]. 谢芳，高皓，译. 北京：东方出版社，2012.

[35] 万洪建. 万洪建：我眼中的父亲和万隆 [EB/OL].(2021-08-18)[2021-09-02]. https://www.jiemian.com/article/6494341.html.

[36] 程涛. 香港镛记争产案始末曝光、甘氏兄弟为争股权反目 [EB/OL]. (2012-01-31) [2021-09-02]. http://www.chinanews.com/ga/2012/01-31/3631336.shtml.

[37] 冯北方. 香港"烧鹅王国"镛记争产案（续）[EB/OL].(2021-02-02)[2021-09-02].http://news.gd.sina.com.cn/news/20120202/1233971.html.

[38] 程涛. 港高院判镛记酒家维持现状 长子后人拟另起炉灶 [EB/OL].(2012-11-01)[2021-09-02].http://www.chinanews.com/ga/2012/11-01/4292769.shtml.

[39] 班纳德森，亨利. 从镛记酒家的致命错误看传承规划四原则 [EB/OL]. (2017-03-28)[2021-09-02].https://www.insead.edu/sites/default/files/assets/dept/centres/wicfe/docs/CFBR-2017-03-P58-59FEB27PM250.pdf.

第二章

家族治理

第一节　家族的角色与功能

家族企业治理的首要对象就是家族系统，这源自"家族"的特殊角色。一个团结和睦的家族是企业人力资本和财务资本的最初来源，也是维系企业持续发展的最终力量。有着共同愿景的家族能向外界传达极具责任感的信号，让员工、客户、供应商和社区建立对企业的信心。然而，家族并非只有有利的一面。经常出现在媒体上的"豪门恩怨""内讧风波"就是家族矛盾得不到解决最终恶化的体现。如果家族忽略对共同问题的治理，其对于企业的积极效应可能会转化为企业的拖累。很多家族企业的衰败都是源于家族内斗，最极端的案例莫过于意大利的古驰（GUCCI）家族。[1-2]

1881 年，古驰奥·古驰（Guccio Gucci）出生于意大利佛罗伦萨，17 岁时前往英国伦敦的高档酒店打工，后来回老家创业。他利用从小跟着父亲学习到的皮件制作工艺，开了一家专卖皮革和马具的店铺。为了显示自家皮具与众不同，他别出心裁地将自己的姓 GUCCI 刻在皮具上，这成了古驰最早的标志。由于产品制作精致且服务周到，古驰皮具很快得到了明星和豪门贵族的认可。

古驰奥和妻子阿依达婚后育有三子一女（见图2-1），孩子们在1939年后相继进入企业。两代人共同的努力使古驰进一步发展壮大。

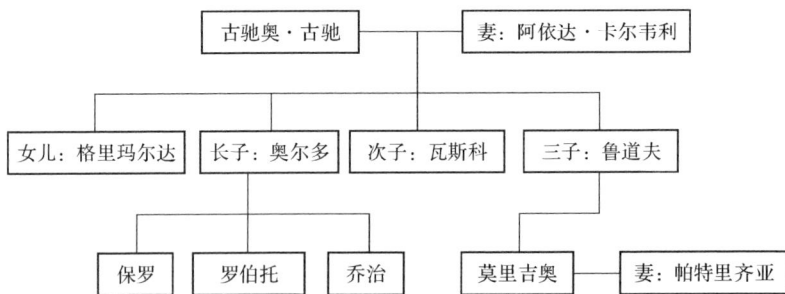

图 2-1　古驰（GUCCI）家族族谱

古驰奥性格内向，加上平时工作繁忙，导致他在情感上与子女比较疏远。他一直鼓励儿子们相互监督、揭发对方错误，据此惩罚犯错的人。久而久之，几个孩子养成了相互竞争的习惯。长子奥尔多（Aldo Gucci）虽然读书不多，但很有做生意的头脑。他最早参与公司经营，在品牌和营销方面贡献突出——象征着财富与特权的古驰经典"GG"商标和经典的竹节包都出自他手。次子瓦斯科（Vasco Gucci）性格自由散漫，没有经商意识。三子鲁道夫（Rodolfo Gucci）早年进入影坛，二战结束后才涉足家族生意。但是古驰奥不管他们对公司的贡献大小，坚持每一个男性后裔都应该拥有相同的公司股份。三兄弟之间互不服气，暗中较量。

1953年古驰奥去世，对于自己身后的股权传承却未作任何安排，家族内部开始纷争不断。先是大哥奥尔多和三弟鲁道夫结盟抵制老二瓦斯科，改变了父亲"小而美"的经营方针。然后，三兄弟又联合拒绝了姐姐格里玛尔达（Grimalda）关于平分遗产的诉求。格里玛尔达为家族企业效力了三十多年，曾在GUCCI经营最困难的时候，拿出全部积蓄帮助家族渡过难关，结果竟然不能继承家族企业的股份，这直接导致格里玛尔达与整个家族反目成仇。

1974年瓦斯科去世，奥尔多和鲁道夫买断了瓦斯科遗孀的股份，两家各占公司股份的50%。随着第三代长大并逐步参与企业管理，两代人的矛盾空前激化。奥尔多的二儿子保罗（Paolo Gucci）成了家族企业品牌的设计师，但私下却在经营自己的店铺。一次家族会议上，他与父亲、叔叔就总部管理权的问题开战并以失败告终。心存不满的保罗在接管了美国纽约的古驰门店后，擅自使用家族姓氏推出了"保罗古驰"品牌。父亲奥尔多盛怒之下解雇了他，并通过法律诉讼将保罗关进了大牢。穷途末路的保罗决定实施报复，将父亲长年逃税、做假账的证据提交给政府部门，亲手将81岁的老父亲送进了监狱。

鲁道夫的独子莫里吉奥（Maurizio Gucci）与父亲的关系也不融洽。从小失去母亲的莫里吉奥，在父亲的呵护下长大。成年后他变得叛逆不羁，希望摆脱父亲的束缚。他不顾父亲反对，执意迎娶了一位卡车司机的女儿。为此，父子关系差点走到水火不容的地步。后来，莫里吉奥逐渐改变了与父亲的斗争方式。他不直接对抗父亲，而是选择耐心等待。1983 年鲁道夫去世，莫里吉奥名正言顺地接管了父亲持有的 50% 的古驰股份。1988 年，通过引入全球著名风险投资公司 Investcorp，并陆续买断了大伯奥尔多父子 50% 的股份，莫里吉奥成为古驰家族股份的唯一控制人。

成为第三代掌门人之后，莫里吉奥开始变得越来越放肆。在生活上，他沉迷于名车、豪宅、私人飞机，与妻子帕特里齐亚的关系骤降。1985 年圣诞节，莫里吉奥假称出差离家，第二天却派人给妻子送来一份离婚协议书，激起了帕特里齐亚强烈的怨恨，并为后来的买凶杀人埋下了伏笔。在公司管理上，莫里吉奥也越来越不上心。1993 年，莫里吉奥频频决策失误把古驰推到破产边缘，公司股东投票将其赶出了董事会。随后，莫里吉奥将他全部的股份卖给了 Investcorp，从此宣告了古驰家族对公司管理权和控制权的终结。1995 年 9 月 23 日，莫里吉奥在上班路上被枪杀，当场丧命。两年后，这起惨案的幕后凶手——他的前妻帕特里齐亚因买凶杀人被判处 26 年监禁。

在古驰的案例中，家族成员之间从兄弟内讧、父子反目演化到夫妻仇恨甚至凶杀，伴随着家族的血腥内斗，企业也被迫转手他人。虽说这个案例的结果比较极端，但古驰忽视家族关系治理的做法在当前很多创业家族中都非常普遍。创一代们为了企业奔波忙碌，往往顾不上家里。在家族需要和企业需要发生冲突时，他们几乎无一例外地选择牺牲家族——子女的培养教育、妻子的关爱支持、个人的全面发展都很难排上位置。作为父亲，因为对子女关心不够，心理上难免愧疚，往往试图用礼品、金钱、特权来弥补。作为丈夫，他们在家庭的长期缺席也造成婚姻的不稳定，导致焦虑的妻子把种种精神压力投射到孩子身上，容易造就"失控的子女"。尽管创一代也会给子女提供在家族企业中的工作机会，但强烈的控制欲使他们很难真正放手，让子女独当一面。企业家们并非不爱家族的成员，他们是没有认识到家族关系需要维护，家族问题必须得到治理；或者等他们意识到的时候，家族问题已经积重难返，且已发展成"恶瘤"。

与古驰家族类似的案例不少，他们面临棘手的问题并不是企业业务，而是家族成员的情感因素。家族功能紊乱导致企业被收购或者被清盘，实在令人惋惜。

家族系统论

家族系统论认为，家族是一个整体，所有成员都在系统中发挥着关键而又独特的作用。既然系统某一部分的变化会引发整个系统发生变化，那么每一位家族成员就成为积极或消极改变的潜在制约因素。这意味着，某个家族成员的行为不仅会受到家族关系的影响，反过来也会影响家族关系。因此，如果某个家族成员经常处于痛苦中，就说明家族系统出了问题。整个家族必须承认问题的存在，协同解决。[3] 家族系统论是家族治理的理论基础。家族治理意味着对家族系统进行重新调整，消除导致家族系统运行不良的因素。

与意大利的古驰家族不同，中国香港的李锦记家族在历史上饱受两次分家之痛，到第三代掌门人李文达时期，开始正视家族关系的重要性，并逐渐探索规范家族内部关系以及家族与企业之间关系的做法。家族治理的尝试避免了第三次分家可能带来的伤害，并助力李文达先生荣升 2019 年福布斯香港富豪榜第三名，李锦记商业帝国迎来高光时刻，家族治理在其中的作用不容小觑。[4]

创始人李锦裳逝世后，股权被平均分配给了他的三个儿子（见图 2-2）。长子李兆荣沉迷鸦片烟，曾将交给他买货的钱赌光了，后来公司的业务由次子李兆登及幼子李兆南共同负责。其中，李兆登负责对外销售工作，李兆南则负责采购及生产方面的工作。兄弟二人精诚合作，将"李锦记蚝油"拓展至香港和东南亚。1946 年公司总部从澳门迁往香港。

随着企业发展和外部环境的变化，家族内部对李锦记的扩张产生了分歧。李兆南看好酱料行业的前途，主张向亚洲风味大力拓展，他急召长子李文达回来帮忙。李兆南与李文达父子力推对外开拓新市场、对内增加生产线。但是，二房只想保守经营，不想冒风险。家族内部难以达成共识使三房处处受到掣肘。双方都希望收购对方手中的股份，然后自己说了算。终于在 1972 年，李兆南咬牙向银行借下了 460 万港元，以分期付款的形式买下了长房和二房的股份。无疑，这对三房来说是个巨大的经济负担，但经历这次分家之后，李锦记成为了李兆南的产业。

李兆南共有 8 个子女，6 个女儿无意于事业。1971 年，长子李文达接手李锦记后，在恒生银行工作的弟弟李文乐便辞职加入家族企业工作。当时，李文达关注战略扩张，李文乐负责财务管理，兄弟各有分工，又能互补长短。在兄弟协力合作之下，李锦记从原来的家庭式蚝油生产转化为工业生产模式，经营规模与业务范围不断拓展。

遗憾的是，就在一切看似风平浪静的时候，第二场分家风暴却突然爆发。这次分家的导火线是李文乐于 1982 年确诊鼻咽癌，李文达的弟媳恐有不测，要求将李锦记转为有限公司并算清兄弟股权。当时李文达刚与大埔工业村签约，购入大片土地建厂；而在美国市场实施"赊销寄售"的方式虽成功打开产品销路，却令大批资金未能及时回笼；在这个节骨眼上谈分家，宛如给茁壮成长中的家族事业倒插一刀。

为此，李文达多次与弟弟沟通，老父亲李兆南也出面游说，无奈李文乐心意已决，坚持要分家。而且，李文乐对于父亲提出的分配方案不满——根据贡献将股权六四比（李文达占六成，李文乐得四成），他认为应该对半分。在得不到想要的结果后，他便找律师打官司甚至以清盘为要挟。第二次分家耗时近两年时间，双方各自聘请著名律师，争执对峙使事情越闹越僵，彻底破坏了两家人的情感。这场分家官司最终在法官的劝解下达成和解。李文乐接受了四六分的方案，由李文达以 8000 万港元回购李文乐的股权。为了筹集资金购买弟弟的股权，李文达被迫在香港移民潮涌现、房地产市场低迷时，贱价抛售持有的优质物业，而大埔厂房的建设费用也要向银行贷款，财务压力巨大。

解决了官司之后，李文达与子女们重新专注于本业。在第三代与第四代（李惠民、李惠雄、李惠中、李惠森和李美瑜）的共同努力下，李锦记集团更是得到了突飞猛进的发展。不过，当时的李锦记还未面临构建家族治理体系的紧迫性和必要性。真正让李文达开始防微杜渐、"治未病"的家族治理尝试，来自 1998 年南方李锦记遭遇的外部危机。

南方李锦记是 1992 年李文达与解放军第一军医大学合作建立的专营中草药保健品的公司。李文达将南方李锦记交给四子李惠森打理。南方李锦记由零售转为直销后，生意逐渐走上轨道。不料国务院基于各项考虑，突然在 1998 年 4 月 21 日宣布了禁止直销的政策，使南方李锦记深受打击; 1998 年底，国务院又发文禁止军队及直属单位经营企业，使第一军医大学被迫结束与南方李锦记的合作关系，南方李锦记再受重创。李文达从长远发展考虑，收购了军医大的股权，南方李锦记成了李锦记集团全资拥有的公司。但接二连三遭受冲击之后，南方李锦记的营业额锐减了九成，此后一年多也无起色。

由于中央政策路向未明，公司持续出现严重亏损，无可避免地拖累了母公司李锦记集团的财务。对南方李锦记的去留问题，李文达几个儿子的意见发生了分歧。主流意见倾向于将南方李锦记卖掉或清盘，但南方李锦记是四子李惠森的心血所在，要清盘实在心有不甘。李惠森甚至一度提出放弃自己在李锦记集团的股权，换取南方李锦记的股权。李锦记再一次面临分家危机。

这次危机触动了李文达内心的一份担忧，他意识到，家族内部其实存在不同观点，目标也各异，大家前进的脚步也缓急不一，所以很容易触发矛盾，产生家人离心的问题。家族内部的情感与关系如果处理得不好，很可能会触发另一次分家，这促使他必须采取手段以"治未病"。当时李惠森提议成立家族委员会，其他子女也表示赞同。获得李文达的首肯之后，李氏家族从2003年便尝试着在家族内部建立一些规则，以确保家族内部团结和李锦记的健康延续。

从家族系统论来看，李锦记家族两次分家的惨痛经历深深烙印在李文达的心里，对他后来积极响应第四代建立家族治理机制的倡议产生了重要影响。李文达先生非常睿智，他一直在思考怎样才能避免重复犯错。为此，他会关注家族成员的各种需求，愿意通过改变自己来营造更有效的家族关系，使李氏家族成员能够在家族系统与企业系统中更好地进行情感与认知层面上的互动。与李锦记寻求家族内部团结不同，古驰家族从创一代开始就鼓励采用竞争策略来解决内部冲突，这种思维模式深深影响了第二代家族成员与他人的交往方式。古驰家族缺乏像李文达这样的改革型领导者，家族关系一直陷于恶性竞争的"泥潭"而不可自拔。这种极端不合作的冲突管理方式伤及家族成员之间的情感，最终带来不可逆转的报复恶果。

家族冲突的解决策略

根据托马斯—基尔曼冲突管理模型（见图 2-3），除了李锦记家族和古驰家族分别代表的合作性策略与竞争性策略之外，还有三种冲突管理策略分别是：回避策略、迁就策略和妥协策略。

图 2-3　托马斯—基尔曼模型

竞争策略　以他人的利益为代价，试图在冲突上占上风。这种极端不合作的冲突管理方式并非解决家族内部冲突的最佳方案，反而可能伤及成员之间的情感并招致报复打击。代表性案例是古驰家族。

合作策略 双方通过积极地解决问题来寻求互惠和共赢。通常，合作是首选的冲突管理方式，但只有在双方没有完全对立的利益，且彼此有足够的信任和开放程度来分享信息时，合作才能有效地发挥作用。在李锦记的案例中，兄弟之间就某个问题有不同观点是很正常的，但他们同意全面讨论。因为他们明白，艰难的讨论可以让他们有机会探索新的视角，发现比单独思考更为完善的解决方案，这样才能实现共赢。

回避策略 双方或者其中一方试图通过逃避的方式来平息冲突。这种比较消极的冲突管理方式对不太紧要的问题比较有效，但无法从根本上解决问题，容易导致双方产生挫败感。在现实中，很多家族往往会为了维持和谐的"假象"而避免对现实状况进行坦诚的沟通，他们担心冲突的爆发可能带来难以控制的后果，但一味地避免冲突也会带来高昂代价。在双汇案例中，万洪建第一次出走万洲国际时，就是回避与强势父亲之间的正面冲突。回避策略会限制个人表达而在家族内部造成不健康的紧张情绪，使家族成员之间的信任遭到破坏，这导致父子间的冲突在八年后以更为尖锐的形式爆发。

迁就策略 完全屈从于他人的愿望，而忽视自身的利益。当对方权力相当大或问题对于自身并不是太重要时，迁就策略是解决冲突比较有效的方式。但从长远看，迁就并不利于冲突的解决。这种情况在创始人非常强势的家族里比较普遍——子女之间的差异与分歧往往由创始人进行裁断。尽管创始人从自身角度出发认为做出的决策很公平，但在子女们看来却并非如此——或者是父亲要求你"顺从"（将其他兄弟的需求和利益置于你之上），或者要求你"妥协"（各方均做出一些利益让步来解决冲突）。但不论是哪种情况，一旦创始人无法再作为协调人时，兄弟姐妹之间就很可能采用拳脚相加的竞争性策略，此时破坏性的冲突就可能会集中爆发出来。代表性案例是香港镛记酒家甘氏家族。

妥协策略　通过协商分散异议，寻找能让双方都在一定程度上满意的方案，但冲突各方没有任何一方完全满意，是双方都做出一些让步的折中解决方法。因此，妥协策略常常是交易而不能真正解决问题。

有冲突并不一定是坏事，如果处理得当，反而可能带来新的思路、更完善的规划和决策，以及更加有力的信任感和承诺感。因此，如何管理家族成员之间的冲突才是关键。回避、迁就、妥协、竞争和合作策略都能解决某些类型的冲突，但合作策略对于创业家族来说才是根本的解决之道。企业家们要清楚地认识到，家族成员之间的相处之道会持久地支撑整个家族的行为模式。尽早制定一套制度和流程来解决家族成员之间的分歧，才能为家族企业的可持续发展提供动力。

第二节　家族治理体系

大量的家族企业案例说明：与公司需要治理一样，家族也应该成为治理的客体和对象；不过，家族治理与公司治理在使命、目标与职责三个方面存在显著区别（见表 2–1）。

表 2–1　家族治理与公司治理的比较

维度	公司治理（corporation governance）	家族治理（family governance）
使命	解决委托人与代理人之间的利益背离问题	解决家族内部的利益背离，平衡家族与企业的动态利益
目标	◆ 确保股东利益最大化 ◆ 确保公司决策科学有效，维护公司各方利益	◆ 促进家族成员的团结 ◆ 明晰家族与企业的界限，减少家族成员对企业的操纵
职责	◆ 确保企业有切实可行的长期战略 ◆ 确保 CEO 是执行战略的最佳领导者 ◆ 监控战略的实施进程 ◆ 监督财务报告的信息披露 ◆ 监督企业伦理道德的遵守情况	◆ 构建家族共享的价值观和使命 ◆ 确立家族内部沟通的规则和渠道 ◆ 家族成员的责任与问责措施 ◆ 家族成员的教育与领导力培训 ◆ 所有权传承规划

公司治理是指与公司的战略方向和控制相关的一套架构和程序。其核心是解决公司内的委托代理问题，即委托人（所有者）与代理人（董事会、管理层）之间的利益背离问题。在确保股东利益

最大化的同时，公司治理还需要协调公司与利益相关者的关系，确保公司决策的有效性，维护各方利益不受损害。良好的公司治理有益于提高公司业绩、获得外部资本，从而促进企业的持续发展。

家族治理的核心是解决家族内部的利益背离问题，帮助建立家族成员彼此间的信任，增进家族团结；同时协调好家族与企业之间的关系，比如明晰家族系统与企业系统的边界、确保家族对企业的长久控制等，提高企业的生存概率。相应地，家族治理的职责包括：确立家族内部的沟通渠道、家族共同决策的规则、冲突解决机制、家族成员的教育与领导力培育、问责措施、所有权传承规划与继任规划等。

因此，本书给出的家族治理的定义是：企业家族建立的一整套规范和强化家族内部关系、家族与企业之间关系的制度安排。家族治理包括正式治理机制和非正式治理机制，一个良好的家族治理结构是正式治理机制和非正式治理机制相互补充的结果。

家族非正式治理　大多是在创一代与二代的互动过程中形成。主要是利用家族精神、家谱家训、婚丧嫁娶、节庆祭奠等文化或仪式，来实现家族内部的关系调节、权威分布、冲突解决与利益分配。随着家族企业生命周期的演变，加入企业的后代和家族成员越来越多，他们对于企业运营和战略制定会有不同的想法和意见。因此，需要通过建立正式、清晰的家族治理结构，设定家族的规则，预防潜在冲突，保持企业持续经营。

家族正式治理　旨在向所有家族成员传递家族的价值观、使命和愿景；向家族成员（尤其是那些不介入企业事务的成员）通报企业的主要业绩、挑战和战略方向；对可能影响家族成员的雇佣、红利分配，以及可能获得其他福利的规则和决定进行沟通；建立正式的沟通渠道，允许家族成员提出他们的想法、期望和问题；通过正式的形式将家族成员聚在一起，共同做出某些重要决定。

家族非正式治理属于柔性治理，虽然不同于家族正式治理具有正式的契约体系，但也是一个稳定的模式化的共识体系。一个好的、可持续的家族非正式治理模式至少应当包含以下五个方面：第一，基于家族特质的开放性沟通文化。这需要在家族正式的议事与沟通机制之外，利用编修家谱、整理家训、婚丧嫁娶以及参加节庆祭奠等仪式和渠道促进家族内部关系的不断调整与优化，从而配合家族正式治理。第二，通过满足家族个体成员的需求来增进家族整体利益。比如，协商非契约化的家族内部转移支付、公共事务成本分摊、基于个人特质的物质与精神需求满足，可以增进家族成员的公平感，从而促进家族治理的实践。第三，基于能力与兴趣差异性的责任分配与培养体系。赋予不同类型家族成员在企业和家族中的不同角色与责任，有助于提高家族的总体效用与家族成员的个人效用。第四，基于情感的家族内部关系治理与冲突管理。通过情感沟通与心理调节，促使家族内部关系得以维系和提升；通过冲突管理避免家族成员之间的矛盾升级。第五，基于长期考虑的柔性家族规划。

良好的非正式治理机制有助于正式治理机制的形成，因为非正式治理机制可以帮助家族成员在传承规划上达成共识，在此基础上再将其书面化成正式治理机制会容易得多。因此，家族领导者应尽早开放心态，咨询外部专家或顾问对于非正式和正式治理机制的相关意见，以便在恰当的时机推出适合自身家族的治理方案。

家族治理结构

表 2-2 是家族治理体系的基本构成，其中包括了家族治理的构成元素，以及这些元素在不同时期可能呈现的方式。

表 2-2　家族治理结构

	结构	定义	形式
机构	家族会议	家族成员用于沟通与决策的方法。在创业期通常以非正式形式出现；随着家族企业成长，以全体成员参加的家族大会，以及推举成员出席的家族理事会等正式形式呈现	■ 家族聚餐 / 家族聚会 ■ 家族会议 / 家族大会 ■ 家族理事会 / 家族委员会
机构	家族财富管理机构	用以凝聚家族成员并管理家族的机制。主要功能有：控制持股、理财交易、教育发展与公益回馈	■ 家族控股公司 ■ 家族信托 ■ 家族办公室 ■ 家族基金会
制度	家族制度	家族成员互动的规则，用以规范家族成员之间的共识。比如家族价值观，治理原则，以及界定家族与企业之间关系的机制、政策与程序。在家族企业成长早期，不成文的家族文化是家族制度的雏形；随着家族繁衍和企业成长，正式的家族宪法成为重要的治理机制	■ 创始人理念、家族价值观 ■ 约定俗成的家法家规 ■ 书面的家族宪法

第三节　构建家族成员沟通平台

家族会议的运作机理

　　家族会议是家族成员沟通交流的平台，是家族治理结构中的重要组成部分。根据社会交往理论，人际关系的维持需要一定的交往频率作为保证。家族会议为维系家族成员之间的情感，以及协商家族事务提供了平台。只有经过充分交流之后，家族成员才能了解对方的初衷，并在相互理解的过程中增进彼此信任，逐渐达成家族共识。在所有家族成员统一意见之后，家族才会用"一种声音说话"，进而通过一致行动促进家族凝聚力。当然，随着家族动态和企业外部环境的变化，家族成员之间达成的共识可能是短暂的，他们对于家族问题的看法也可能发生改变。因此，需要家族会议这个平台为家族内部进行持续的对话、教育和协商等活动提供制度保障，家族成员才能逐步学会如何创造高效企业、健康家庭和富有成就感的个人这三者之间所需的凝聚力。

　　家族会议对家族凝聚力的作用机理参见图2-4。该模型获得了不少国外家族企业的证据支持。比如，有学者对美国家族企业案例的跟踪发现，家族会议为家族成员之间以及家族与企业之间提供了沟通渠道，有效增进了企业家族的凝聚力。[5] 还有一些学者的统计证据也表明，家族会议制度以及由此增进的沟通有助于冲突解决，能防范可能发生的危机。[6]

然而，在华人社会里，一个企业家族要实现从"家长说了算"到家族会议模式的转换，确实会遇到很大的阻力，这是因为：（1）家族会议的规则并非任由强势领导的家长来定夺，而是自下而上、由家族成员进行共同协商；（2）家族会议制度的组织架构，由家族理事会或家族委员会作为统领，下设多个专责部门，以推动不同功能；（3）家族会议的表决机制大多数是"一人一票"，而非传统家长制下的"一言堂"。因此，只有从大家长到其他家族成员都认同并积极参与，创建家族会议的阻力才会变小。

以香港李锦记为例，当经营保健品的南方李锦记遭遇政策冲击时，家族内部对于南方李锦记是否应该关闭出现了不同声音。当时的大家长李文达先生已是耄耋之年，或许是感觉到该问题若处理不慎可能会动摇基业，李文达决心与子女们一起多方探索和尝试，后来创立了"家族委员会"这种新的治理机制。李文达曾在访谈中说道，家族委员会虽然不是他首先提出来的主意，但他在思索传统继承安排的种种问题后，觉得家族委员会是有助于加强成员间的交往沟通，能够增进情感、消除误解、提升家族内部的凝聚力，这与他一直以来强调的"家族和谐"目标是一致的。他认为，要培养李锦记第四代家族成员"兄弟同心、其利断金"

的观念，就必须对以前的治理模式进行调整。而且，通过家族委员会还能实现逐渐放权，让子女们各自得到历练。另外，李锦记家族第四代成员也深感单打独斗无法让家族企业做大做强。在李惠森的推动下，李锦记第四代从 2000 年开始多次集体参加哈佛大学、清华大学、中山大学等开办的家族企业研讨班，通过国际案例和学术理论，思考并寻找一个有助于长期稳定及延续家族企业的权力架构。李惠森将这个想法与李文达商讨交流之后，很快得到父亲的积极回应与认同，后来他做了更多周密的尝试，有了相当的把握之后，才于 2002 年创立家族委员会。

国内也有一些创业家族设立了家族会议。不过，创一代并没有让其他家族成员在这个沟通平台畅所欲言，而是自己牢牢把控着家族会议的话语权，将家族会议办成了"一言堂"。这种家族会议不能达成统一家族内部思想的目的，也就无法实现家族一致行动。如果有家族成员没有获得表达意见的途径，他们或者转变为消极的所有者或者另辟蹊径寻找发泄的"突破口"，无论是哪种情况，家族团结都将成为"空中楼阁"。

双汇万氏家族就是这种情况，创一代万隆与长子万洪建、次子万宏伟组建了三人小组，但创始人说一不二的作风导致这个家族沟通平台没能发挥应有的作用。万洪建与父亲在并购美国史密斯菲尔德食品公司的问题上存在分歧，三人小组会议并没有帮助他们消除或者减少分歧，这导致了万洪建的第一次出走。万洪建没有与父亲发生争吵，他只是消极地用退出家族企业的行动来表达对父亲的不满。这次出走事件没有给家族企业带来看得见的损失，却使家族系统的"离心力"转变为现实。如果创一代在这次事件之后能够深刻反思，并为家族成员的意见表达提供渠道的话，万氏家族系统的功能还能得以修复。遗憾的是，固执己见的万老先生并未察觉到问题的严重性，致使在家族会议上仍然得不到反馈的万洪建选择在公司会议上表达不同见解，这不但触犯了父亲在企业中的权威，也将家族内部不合的问题暴露了出来，进而导致了万洪建被"废太子"以及他在公众媒体上发表大义灭亲的"检举信"。这次家族矛盾的激化不但给家族企业带来巨大损失，也使父子情感的破裂再无修补可能。

家族会议形式的演变

对于成功的企业家族来说，家族治理始于精心策划的家族会议。但家族会议的形式并非一成不变，而是会随着家族规模和结构的演变发生变化（见表2-3）。

表2-3 三种主要家族治理机构的比较

比较内容	家族会议	家族大会	家族委员会
存在阶段	创始人控制阶段	兄弟姐妹合伙阶段 堂/表兄弟姐妹联盟阶段	兄弟姐妹合伙阶段 堂/表兄弟姐妹联盟阶段
会议形式	不正式	正式	正式
成员资格	对所有家族成员开放 其他一些成员标准可能由创始人建立	对所有家族成员开放 其他一些成员标准可能由家族建立	由家族大会按照既定标准选举而成

比较内容	家族会议	家族大会	家族委员会
会议规模	规模较小	取决于家族规模和成员标准	取决于成员入选条件理想状况是 5~9 人
召开次数	取决于公司发展状况 发展迅速时，每周召开一次	通常每年 1~2 次	通常每年 2~6 次
主要活动	讨论和发掘新的商业点子 交流家族价值观和愿景 培养企业的下一代领导人	交流想法、分歧和愿景 批准重大家族政策和程序 教育家族成员了解公司事务 选举家族理事会等机构成员	解决冲突 制定重大家族政策和程序规划 / 教育 协调与管理层和董事会的工作关系，平衡企业和家族利益

资料来源：国际金融公司 (IFC). 家族企业治理手册 [EB/OL].(2009−10−15)[2021−09−12]. https://www.ifc.org/wps/wcm/connect/region_ext_content/ifc_external_corporate_site/east+asia+and+the+pacific/resources/ifc+family+business+governance+handbook−chinese.

　　在创始人控制阶段，家族内部沟通和决策比较随意，家族会议常常就在自家厨房的餐桌举行；该阶段的会议未必有明确的会议议程，主要是培养良好的家族文化和下一代家族成员共同决策的技巧。会议召开的次数取决于公司的发展状况；当公司发展迅速时，可以每周召开一次。

　　随着孩子们长大并逐步进入企业，家族企业进入兄弟姐妹合伙阶段。有意识地构建家族沟通的平台和决策程序变得越来越重要。该阶段家族会议的核心是，帮助家族成员树立共同目标，鼓励所有的家族成员都参与，使"家族大会"逐步成为全部家族成员讨论家族和企业事务的正式平台。其主要活动包括：确定家族价值观和愿景、商议家族重大问题、审议家族相关政策、选举家族委员会、组织教育培训等。会议召开时间一般以年为单位或协商决定，重大决策可做例外处理。

当家族和企业进一步成长，家族企业进入堂／表兄弟姐妹联盟阶段，就需要更加正式且分工明确的家族会议了。因为家族拥有了更多成员，并非所有的家族成员都会在企业中工作，因此，需要按照相应的标准从家族成员中选举代表来商议家族事宜，此时的家族会议会派生出一些专门的分支机构，比如家族委员会或家族理事会等。家族委员会的主要工作有：提供解决家族内部问题及冲突的机制；制定重大的家族政策和程序（比如家族雇佣政策、家族所有权协议及其他相关政策）；参与规划家族企业的未来方向；向家族成员灌输所有者、管理层及家族成员身份的差别；让家族成员履行所有者的责任；告知并向家族成员灌输遗产规划及管理财产的知识等。

李锦记家族会议制度

李锦记家族设立了一套以家族委员会为核心、由家族议会和超级妈妈小组等多个分支机构共同构成的家族沟通平台，极富特色（见图 2-5）。

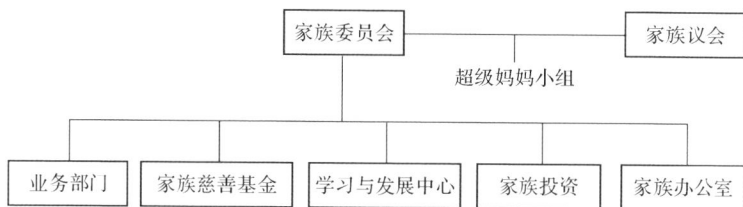

图 2-5 李锦记家族治理结构

家族委员会 家族委员会是李锦记家族的最高决策机构。它主要关注：家族价值观的强化、家族宪法的制定、家族关系的协调、家族所有权以及董事会结构的确定。第一届家族委员会由第三代李文达夫妇和 5 名子女组成。2017 年 1 月 1 日李文达夫妇自愿退出，第二届家族委员变更为 9 人：除了 5 位第四代成员保留之外，增加了 4 位第五代成员——李学勤（Jason Lee，李惠雄的儿子）、李学礼（Brian Lee，李惠民的儿子）、莫礼逊（Charles Mok，李美瑜的儿子）和李学韵（Andrea Lee，李惠民的女儿）。其用意是让第五代尽早地接触家族与企业的运作决策，为第五代梯队接班铺路。莫礼逊在接受采访时说："家族委员会是一个让第五代去表达心声的桥梁和平台，可以吸引年纪较小的第五代去了解和接触家族企业。如果直接由第三代或第四代去给第五代讲述家族企业的事情，有可能存在代沟。但是，由我们去给他们讲就会更容易接受。"[4]

李锦记家族委员会的第一次会议没有安排在严肃的办公场所，而是在李文达的游艇上召开的。家族成员开会讨论时，也不像正规会议那样有既定议程，也不需要正襟危坐，而是可以在游艇上自由行走。这样有助于大家敞开心扉，无拘无束地探讨问题。李锦记的家族委员会定期每三个月开会 1 次，每次为期 4 天，无论家族委员在世界的任何一个地方都必须回来参加，如果迟到还会受到惩罚。

会议主持人由家族委员会的核心成员轮流担任。这个主持人不仅负责会前策划、会中执行、会后落实，还要兼顾与会者的情绪和感受。每次家族会议结束时，现任主持人都要选出下一届会议主持人，并帮助新主持人做好必要的培训和准备工作。同时，由上任主持人对现任主持人的工作进行点评和激励，所有与会者还要对会议和主持人进行评分。这种主持人轮流制度可以让家族委员会成员更加投入，形式也会变得更加多样，有助于会议整体效果的提高。

为了确保家族委员之间的良性沟通，李锦记家族专门制定了议事规范。其中包括可接受行为和不可接受行为。可接受的行为是："我们大于我"、坦诚表达、建设性反馈、畅所欲言、积极争论、对事不对人；不可接受的行为是："我就是这样"、负面情绪、一言堂、言行不一、人身攻击等。这些议事规则有助于规避讨论过程中的过激行为，让会议在良好的氛围中有序进行。

李锦记家族委员会的表决机制采取一人一票的方式。每个委员都可以用自己手中的一票影响委员会决定；议案是否通过采取多数原则，确保多数成员的意志成为家族集体的意志。一般家族事务的表决只要超过半数赞成即可，但对于诸如家族宪法制定和修改等重大事项的表决，赞成率必须达 75% 以上。

家族议会　李锦记的家族议会从属于家族委员会，是全体家族成员的沟通平台。家族议会由家族委员或其他家族成员提议，经家族委员会批准召开。主要讨论需要所有成员共同参与的家族内部事务，包括让成员们了解家族使命、家族生意及家族成员的想法。李惠森在接受《商学院》采访时提到，"要使家族企业的价值观得以传承，家族成员间的充分沟通是非常必要的，同时应该制造机会让大家共同参与到家族和企业的活动中来，见证家族和企业的发展。我们每年都会组织家族旅游，所有家族成员都要参加。通过这个团聚的机会，我们分享家族的快乐、责任、知识"。[7]

超级妈妈小组　李锦记家族专门为妈妈们提供的沟通渠道，便于她们交流培养孩子的经验，从小给家族后代灌输家族理念和价值观。不少研究表明，企业家配偶在抚育下一代时会向子女传递企业延续与成功至关重要的价值观，比如努力工作、关心周围的人、家族应该为企业服务而不是让它蒙羞等理念，这是女性在守护家族价值观方面承担的特殊角色。此外，女性在确保家族内部沟通、协调家族成员关系等方面也发挥着重要作用，这也是女性经常在创业家族里担任"首席情感官"的原因。[8] 超级妈妈小组的设置体现了李锦记家族的智慧，使女性成员在大家族中感受到包容和参与感，有助于发挥她们在家族内部沟通中的"润滑剂"

作用。

在图 2-5 中，超级妈妈小组与家族议会、家族委员会一起构建了李锦记家族成员的沟通网络与平台。

第四节 创建家族财富管理机构

有些创业家族设立了家族办公室、家族基金会和家族投资公司等来专门管理家族财富。家族办公室主要负责管理家族财富，并为股东大会和管理层提供专业化建议。家族基金会经常与家族办公室合作，具体负责将家族财富用于各种社会目标的捐献。在实践中，家族办公室与家族基金会作为家族财产的管理机构，通常都是在家族委员会的组织和监管下进行运作的。此外，对于投资多元化的创业家族，家族控股公司也被列为家族治理机构之一，对家族持有的旗下公司、度假物业、慈善事业、家族信托及其他投资等承担整体监管责任。

家族办公室 家族办公室源自西方，其职能实际上和古代中国官宦家族里的"管家"这一职位很类似。在家族企业发展的初级阶段，创一代的家族结构比较简单，还没有"三环模型"所暗藏的潜在矛盾和利益冲突，创业家族在该阶段设立家族办公室的主要目标是通过财富管理实现财富保值和增值。随着家族企业的进一步壮大，并过渡到第二、第三以至第四代，家族结构逐渐复杂，此时的家族办公室除了财富管理之外还会有家族治理的附加功能——充当家族治理"秘书处"的角色，协助设立家族委员会，每年定期组织家族委员会和家族大会，沟通协调家族成员的不同意愿，参与家族宪法的草拟；定期开展具有教育意义的家族聚会（例如祭拜先祖、年终旅行、家族成员团建）；安排家族子女海外求学或国内求学、开展家族成员内部训练课程规划等。也就是说，随着家族与企业的发展，家族办公室的服务范畴会突破单纯的家族物质财富管理，涵盖更为广泛意义上的家族财富范畴。[9]

金融资本管理——通过对家族物质财富的集中管理，将分布于多家银行、证券公司、保险公司、信托公司的家族金融资产汇集到一起，通过遴选及监督投资经理，实行有效的投资绩效考核，以及家族资产的优化配置，同时，统筹管理日常的家族财务事项（如风险管理、税务筹划、信贷管理和外汇管理等）。

家族文化管理——家族办公室需要参与家族治理工作，起草家族宪法和家族协议；组织家族活动，筹办家族会议与家族仪式，处理档案管理、礼宾服务、管家服务、安保服务等家族日常事务；选拔及管理训练有素、值得信赖的贴身工作人员（例如管家、司机、厨师等）。

人力资本管理——对不同年龄段家族成员的持续教育进行规划，提升家族成员的能力与素质。下一代培养和传承规划是其工作重点，需要对下一代家族成员的大学教育、实习和工作进行系统规划，并结合家族战略目标、家族结构、产业特征、地域布局等因素进行前瞻性的传承规划。

社会资本管理——包括家族慈善资金的规划和慈善活动的管理、家族社交活动及家族声誉等社会资本的保值增值,重要的关系网络也需要在它的帮助下进行持续浇灌和系统管理。

家族基金　家族基金是由家族成员组建,旨在进行慈善活动的非营利组织。与公募基金相比,家族基金通常具有以下特征:(1)创立者是个人;(2)名称包含创立者的家族名称;(3)基金董事会成员和捐赠委员会成员大多是家族成员;(4)基金董事会的任命由家族成员决定;(5)随着时间的推移,基金董事会将涵盖多代家族成员或吸纳扩展新的家族成员;(6)基金管理者包含一个或多个家族成员;(7)具有反映家族价值观的目标。在中国,只有当家族基金会被认定为非营利性组织时,才能享受相关税收优惠。企业向家族基金会做出的公益性捐赠支出,只有符合规定的,方可税前扣除;如果超过限额或不符合规定,不得在税前扣除。

蒙牛集团创始人牛根生发起成立的老牛基金会,可谓是中国家族慈善的先行者。2005年1月12日,牛根生与其家人宣布全部捐赠其持有的蒙牛股份,并约定在牛根生有生之年,这些股份红利所得的51%归老牛基金会,49%归个人支配;待牛根生天年之后,这些股份红利的100%归老牛基金会,家人只领取相当于北京、上海、广州三地平均工资的生活费。[10-11]老牛基金会的运作模式如表2-4所示。

表2-4　老牛专项基金的运作模式

宗旨	发展公益事业，构建和谐社会
资金来源	牛根生及家人所捐股份产生的红利；2006 年 11 月之后，也接受社会爱心人士及机构所捐的公益资金
运作方式	"三权分设"模式。股份所有权归"老牛专项基金"（牛根生的家人和家族不能继承）；表决权归现任或继任蒙牛董事长；收益权归"老牛专项基金"管理委员会
管理委员会	成员由社会贤达人士、政府官员、企业界人士组成 决策模式采取民主表决制，管理委员会各成员拥有平等的提案权和表决权
基金项目	第一阶段：跟随政策 主要在教育、医疗和救灾帮困三个领域 第二阶段：行业推动 与北京大学合作，成立"慈善、体育与法律研究中心"，推动行业立法。向原"上海李连杰壹基金公益基金会"捐资设立香港"NPO 培训中心"，用于公益行业人才及社会企业家培训。陆续发起并成立中国公益研究院、深圳壹基金公益基金会、深圳国际公益学院，开展了"慈善千人计划·老牛学院""东西方慈善论坛"等项目 第三阶段：环境保护 启动"内蒙古盛乐国际生态示范区"项目；与中国绿色碳汇基金会（CGCF）、美国大自然保护协会（TNC）、内蒙古林业厅合作，在内蒙古和林格尔县开展近 4 万亩的生态修复与保护项目；陆续开展 "老牛冬奥碳汇林""老牛生物多样性保护""推动《野生动物保护法》修改""中国湿地保护""老牛湿地保护·珠峰自然保护区"及"清华大学老牛环境基金"等项目

据报道，牛根生所持有的蒙牛股权分为境内和境外两部分。其在境内所拥有的内蒙古蒙牛乳业（集团）股份有限公司股权按照内地公司法律，以每年 25% 的比例转入老牛基金会，已于 2010 年 7 月捐赠完毕；境外蒙牛公司的股权，牛根生以公益信托的方式，于 2010 年 12 月 28 日在香港宣布，转让给瑞士信贷信托公司下设的 Heng xin 信托完成捐赠。该信托是一项不可撤销

信托，信托的受益方除了老牛基金会外，还包括中国红十字会、中国扶贫基金会、壹基金、大自然保护协会、内蒙古慈善总会等公益慈善组织。同时，受益方还包括唯一非慈善受益方——牛根生及其家人。根据牛根生签署的相关捐赠文件的约定，他们将得到捐出的蒙牛股份股息的约三分之一。[12]

家族控股公司 家族将其持有的家族企业股权及其他重要资产注入家族持股平台，由其直接或间接持有，最终实现家族对这些资产所有权、控制权、经营权及收益权有效配置的公司组织形式。家族控股公司是一个合法的商业实体，被很多创业家族用来控制家族持有的资产。图 2-6 是家族控股公司通常遵循的结构之一。

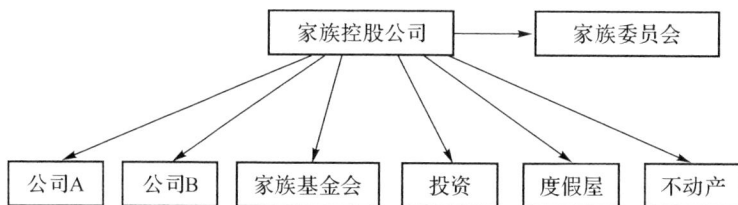

图 2-6 家族控股公司结构

根据家族控股公司结构图，控股公司在各下属公司中拥有控制权并充当母公司实体。当公司业务部门增加以及家族规模扩张后，控股公司结构可以通过以下几个方面帮助家族管理旗下的多个实体，甚至可以加强家族凝聚力。

集中管理 控股公司结构能够帮助家族集中管理旗下的多个企业，给整个公司集团提供更好的资本市场准入机会、规模经济和范围经济效应。比如，控股公司具有以更低的利率获得贷款、并将获得的资金分配给各子公司的财务优势；又如，家族控股公司为企业多元化打开了大门，可以更好地应对商业周期问题等。

税务优化 有些控股家族会选择在境外避税地设立控股公司，其目的是获得不同国家和地区的税收优惠，并通过合理避税手段对家族旗下资产加以统一调度。比如，某些国家的控股公司可以享受到豁免被投资公司的股息税、受益于企业所得税的特殊税收合并制度、免除个人所得税中因赠与产生的资本利得等多重好处。

家族治理 家族控股公司的创建是家族企业向企业家族转型的关键步骤之一，有助于控股家族的关注点从家族成员的个人利益上升至公司整体利益；控股公司通常以家族命名，这会激励家族成员感受到自己与公司的紧密联系，从而加强家族凝聚力。

世界上最大的家族企业沃尔玛公司，其创始人山姆·沃尔顿（Sam Walton）及其家族成员拥有沃尔玛 48% 的股权。沃尔顿家族成员直接拥有的沃尔玛股份并不多，家族真正的金库是其家族控股公司——沃尔顿企业有限责任公司（Walton Enterprise LLC），该公司拥有 16.8 亿股沃尔玛股票。每年，沃尔顿家族成员都要开会讨论怎样处理沃尔顿企业有限责任公司持有的财产，并讨论如何进行利益分配。

李锦记家族财富管理机构

李锦记家族的财富管理机构隶属于家族委员会，这些分支机构有着各自关注的特定领域。各分支机构的主席由李锦记第四代家族成员在协商的基础上每隔两年更换一次。负责人需要在家族议会上汇报工作进度。

家族发展与培训中心　关注家族成员人力资本与智力资本的开发与利用。负责所有家族成员的学习和培训，对成长中一代的培养提供规划方案，引领他们了解家族业务并传递家族价值观。

家族投资公司　负责管理家族在业务之外的其他投资，也支持可行的新创业务。调味品和健康产品是李锦记的两个发展主轴。据李锦记健康官网显示，目前集团的业务有四个部分：无限极、无限极物业投资、天方健与爽资本。其中，无限极物业投资主要是在世界各地收购写字楼；爽资本是一家全球创业投资公司，通过投资初创公司以开发与"爽理念"相关的产品与服务。

家族慈善基金　主要负责家族层面的慈善事务，是家族承担社会责任的表现。李锦记家族在2008年成立"代代有爱学习平台"（http://www.lkklovingfamily.com/），帮助大众学习如何有效地与家人沟通，强化家庭关系，共建一个跨代共荣的社会；[13]李锦记家族一直热衷于支持家乡慈善公益事业的发展，包括捐建李文达大桥及无限极大桥，捐建李文达中学，向新会人民医院捐赠120急救车，向七堡派出所捐赠警车和摩托车，等等。[14]

家族办公室　家族事务的常设性支持机构，为整个家族治理架构提供行政支持和服务。

第五节　规划家族治理制度

　　家族治理制度是治理家族内部关系，以及家族与企业之间关系的约定或规定。尽管这个名称颇具时代感，但实际上，早在几个世纪之前家族治理制度的雏形——家法家规就已经被一些商人家族所使用。比如，富可敌国的罗斯柴尔德（Rothschild）家族在 1812 年制定了森严的家规；[15] 日本三井家族在 1900 年就有了三井家规；[16] 拥有包括欧尚集团等众多企业在内的法国穆里叶（Mulliez）家族宪法也有近百年的历史；[17-18] 中国明清时期延续了近 200 年的胡开文墨业胡氏家族也有专门的家训。[19]

　　现代家法家规的形式不一，既可以是简短到只有一页纸的家族价值观陈述，也可以是写满了政策和合约性条款的专门协议。国外学者将家法家规区分为家族使命、家族企业协议、家族股东协议及家族宪法四种类型（见表 2-5）。

表2-5 家族治理制度的类型

维度	家族使命 family statement	家族企业协议 family business protocol	家族股东协议 owners' contract	家族宪法 family constitution
目标	关注家族	关注企业	关注所有权	关注家族、所有权和企业
特征	理念性 道德约束	规范性 道德约束	规范性 法律约束	理念性＋规范性 道德与法律约束
主要内容	家族理念 家族价值观 家族企业原则	家族企业政策 家族对企业持续经营的承诺	关于所有权规定 家族企业治理的规定 合约性条款	家族价值观 家族企业原则 家族企业政策与程序 合约性条款
程序	所有家族成员广泛参与 大多依靠有家族企业背景的顾问推进	主要是参与企业事务的家族成员 靠有家族企业背景的顾问推进，也可能邀请法律与财务专家参与	家族股东参与 法律专家或财务专家提供帮助 家族企业顾问帮助家族股东厘清目标	要求家族成员广泛参与 不同群体可能负责制定宪法的不同部分 综合顾问团队
优势	关注基本问题与核心决策 提供家族教育与参与机会	使价值观更为具体 优先处理最关键问题 正式成文更快 执行步骤明确	明确所有者权利与责任 树立企业员工信心 法律防御性	将家族利益与企业利益集合在一起
劣势	过于宽泛与抽象	外部人士的介入容易让家族成员产生抵触情绪 政策规定太细可能导致家族企业关系僵化	可能使家族成员产生错误的安全感 不足以保障家族所有者的团结及其对企业持续性的承诺	过于复杂，太多问题有待确定

资料来源：MONTEMERLO D, WARD J L. The Family Constitution: Agreements to Secure and Perpetuate Your Family and Your Business [M].New York: Palgrave MacMillan, 2011.

家族使命

　　家族使命阐述的是对家族而言重要的价值观和理念，涉及家族与企业关系的多个层面。有时，家族使命会专门用文本进行阐述，并逐步演变为家族政策。家族成员是否执行家族使命主要取决于其道义上的责任而非法律约束。提炼家族价值观并制定家族使命的过程对控股家族来说有着以下好处：（1）有助于家族思考保持团结的原因。（2）当面临关键决策时，价值观有助于家族进行优先次序的战略选择，从而将次要工作交给执行环节。（3）对于家族价值观的探索，促进了更多家族成员的参与，尤其是年轻一代或者不在家族企业中工作的成员。（4）构建对价值观的依赖，有助于解决家族冲突并增加处理家族问题的弹性。不过，如果家族使命过于抽象，家族成员也难以对此承诺。

　　　　李锦记的家族使命有三个。首要使命就是延续家族，甚至将家族摆在远高于企业的位置上。他们认为，延续及壮大家族企业的要诀就是家族和谐、价值观正确、团结一致、家和万事兴。如果没有和谐的家庭，就不能延续家族，也就没有可延续发展的家族事业。第二个使命是"打造中华民族的世界品牌"。第三个使命是"成为家族企业典范"。在家族使命的指引下，李锦记家族提炼出两个核心价值观。

　　　　思利及人　李文达先生一直倡导，做事的时候要思考如何有利于"大家"。在他的培育下，家族第四代又进一步将"思利及人"解读为"换位思考""关注对方感受"和"直升机思维"三大要素。"换位思考"是指做任何事情都要站在对方的立场上去思考。比如，担任高管职位的家族成员经常出差，在回家之前他要换位思考一下：已经等了他一星期的家人会希望自己做什么？"关注对方的感受"是真正尊重对方，打开与人交往的钥匙。"直升机思维"则要求家族成员站在整个家族的高度去思考问题，而非个人或者家族分支的角度考虑问题，自然就能减少内部矛盾的产生，促进家族和谐。李文达在 2012 年 12 月 29 日的家族委员会上这样说道："人多了，关系复杂了，意见多了，沟通也难了，这是家族的挑战。但我深信只要我们持守'思利及人'的家族核心价值观，这一切的挑战也就迎刃而解，因为团结就是力量。"

永远创业 这是李锦记在跨代创业过程中总结出的珍贵经验。经历两次家变，凭着不懈的创业努力，李文达两次从负资产的困境中走出来，他深刻体会到创业对于家族延续、企业成长的价值。在"永远创业"的观念指引下，李锦记多年来一直保持着独特而有效的创业精神传承仪式——每年清明前后的"创业纪念"活动。这个有着 50 余年历史的创业纪念活动不再限于定期为先辈创业者扫墓，而是让家族成员重温先辈创业的艰难历程，更成为一年一度家族和旗下企业共同表彰创业者的大会。既激励现在的创业者牢记家族和企业使命，持续创业，也激励未来的创业者去发扬先辈的创业精神。

秉承永远创业精神，李锦记一直努力尝试新事物。近几年，李锦记健康旗下设立了一家名为"爽资本"的投资初创企业的风险投资公司——关注那些能创造健康或幸福的初创公司，寻找创业家，与其共同创建更爽的世界。李惠民在一次采访时说道："现在世界变化太快了，不像以前那样，我们可以总是做同样的事情。我认为必须不断改变自己的做事方法，甚至是我们从事的业务。我们必须要经常思考我们所在的业务是否正确，我们现有的商业模式又是否有效。……有些公司明明在做不一样的事情，但也有可能会影响到你的业务。因此，我们必须对那些可能是机会也可能是竞争的变化趋势保持警惕。我认为如果能够适应变化，公司就能够找到新的方式来开展业务，以开放的心态接受变革。"[20]

家族企业协议

家族企业协议关注的是家族应该如何涉入企业的问题。它是一份企业需求相关的主题构成的规范协议，通常包括：家族雇佣政策、家族企业治理结构以及家族成员在企业中的行为规范等。

家族雇佣政策是家族企业协议的重要组成部分。一般来说，当家族企业进入兄弟姐妹合伙阶段之后，家族就应该制定正式的家族成员雇佣政策，对家族成员的录用、供职、离职等方面做出明确的规定，这有助于将家族企业早期的人际信任转化为制度信任。[21]制定清晰透明的家族雇佣政策，为所有家族成员提供公平的舞台，减少相互之间因争夺企业关键岗位勾心斗角的概率，帮助他们形成正确的雇佣预期。

每个创业家族的雇佣政策可能不尽相同。有些家族可能完全禁止家族成员在家族企业中供职，有些家族则允许家族成员到公司工作，但对教育背景、工作经验和最低年龄等有一定要求。比如李锦记家族的雇佣政策是欢迎家族成员加入家族企业，但必须符合三个条件：第一，至少要读到大学毕业，并在家族外的公司工作 3~5 年才能进入家族企业。第二，应聘程序和入职后的考核必须和非家族成员相同，必须从基层做起。第三，如果无法胜任工作，可以给一次机会，若仍旧没有起色，一样要被炒鱿鱼；如果下一代在外打拼有所成就，李锦记需要时可将其"挖"回。李锦记还有专门的退休规定，即年满 65 岁就必须自董事会和管理职务上退休；70 岁之后更要进一步从家族委员会让贤。

家族雇佣政策还应对家族员工和非家族员工的薪酬待遇做出规定。在某些家族企业，薪酬制度取决于责任大小和绩效水平，与是否享有家族成员身份无关；倘若家族成员在企业中的绩效和贡献不同，他们拿到的薪酬也不一样。实际上，在一些关键问题上对家族成员和非家族成员使用透明一致的原则，可以提供程序公平，这往往比结果公平更加重要。比如，19 世纪成立的 SABIS® 是一个历史悠久的家族企业，提供从学前班到高中的大学预科教育，已在 14 个国家建立了 50 所学校，全球学生总数达到

70,000 人。其家族雇佣政策包括了雇佣理念、空缺职位的产生、雇佣先决条件、具体规定、薪酬及其他条款等七个方面（见表2-6）。

表2-6　SABIS® 家族的雇佣政策

维度	具体内容
雇佣理念	■ 雇佣决策的出发点是整个机构的最大利益，而非某几个家族成员的利益 ■ 我们希望吸引最优秀的人才来到 SABIS®，包括家族成员和非家族成员 ■ 在 SABIS® 工作既不是家族成员的天生权利，也不是义务 ■ 一旦录用，家族成员将与所有非家族成员享受同等待遇 ■ 家族成员不会仅仅因为家族关系就一定被提升到最高管理层职位 ■ 家族员工应在敬业、业绩和品行方面做出表率 ■ 任何不能完全为公司奉献的个人，无论是否是家族成员，我们均不予接受
空缺职位的产生	家族成员申请的职位必须是他 / 她能够胜任的且是 SABIS® 确实正在招聘的职位。除非经董事会决定认为某一职位确属公司业务发展需要，SABIS® 不会为家族成员新设一个职位。而且，不允许通过解雇非家族成员来为家族成员空出职位
雇佣先决条件	学历要求：公司任何职位均须大学学历，且是 SABIS® 认可的著名大学学士学位以上 本公司以外的工作经验： ■ 在 SABIS® 以外的工作经验 3~5 年尤佳，但并非强制性要求。最终决定权在董事会，分管组织发展的集团副总裁和 CEO 可以向董事会提出评估和推荐意见 ■ 没有外部经验的家族雇员加入本公司时必须接受 6~12 个月的初期培训，以达到三个目的：让他们了解和感受 SABIS®；帮助他们发现或证明自己的专业兴趣；帮助企业评估他们的能力 年龄限制：公司不是家族成员找工作的"避难所"。如果家族成员在 40 岁之后希望加入 SABIS®，董事会将审查申请者的职业经历以及申请加入的原因，然后视情况做出决定

维度	具体内容
具体规定	■ 希望加入 SABIS® 的家族成员须向公司总裁/CEO说明其意愿，然后填写标准的申请表 ■ 家族成员将参加标准的面试、评估和选拔流程 ■ 接受/拒绝家族成员申请的最终决定权在董事会 ■ 一旦家族成员成为正式员工，他/她将与其他非家族员工享受同等待遇 ■ 除了通过标准渠道进行的定期业绩评估之外，家族员工还受到分管组织发展的集团副总裁的考察，后者将为家族员工在公司内部的职业发展提供可能的指导或采取行动 ■ 为了帮助家族成员发展和进步，在 SABIS® 工作的家族成员都有一份包括培训、继续教育、指导、导师、特殊项目和任务、轮岗等内容在内的个人发展规划 ■ 作为绩效管理和自我发展的一部分，家族员工需要提交年度自我评估报告，内容包括下一年度的个人发展目标 ■ 家族员工的提升应由其主管或公司管理层提出建议，由董事会最终决定 ■ 解雇家族员工的条件包括业绩表现持续不佳、个人行为不可接受，以及满足任何解雇非家族员工的条件 ■ 如家族成员被公司解雇，公司不会考虑对他/她重新录用 ■ 如家族成员自愿离开 SABIS® 公司，他/她可以再回到 SABIS® 公司工作，但须经董事会批准，且有合适的职位空缺。重新录用通常只限一次
薪酬	家族雇员的薪酬和福利将根据他们的职位、职责、资质和业绩制定，且与职位相同、资质相近的非家族员工大致相同

续表

维度	具体内容
其他条款	家族姻亲成员的雇用：家族成员的配偶希望加入 SABIS® 的，将通过标准的面试、评估和选拔流程进行，雇佣决策最终由董事会（在该成员不在场的情况下举行会议并进行保密投票）做出 监督和汇报关系：家族成员间不能有直接的上下级关系。但在无法避免的情况下，特别是高级管理职位，必须得到董事会的批准和监督。此外，夫妇双方都在 SABIS® 工作的，不能安排在同一部门 短期实习和夏季雇员：年轻的家族成员希望在 SABIS® 工作的，可以通过在公司的短期实习来进行，时间通常为几周到几个月。但是，如果他们以后加入公司，这类实习不能取代必要的初始培训 继续教育：公司的标准政策既适用于继续教育（学位教育），也适用于职业发展（培训、研讨会议）。接受继续教育的家族员工，如果在公司补贴之外还希望获得 SABIS® 家族理事会的资助，须由公司总裁/CEO 向家族理事会提出申请。家族理事会将对此进行研究，然后做出决定

资料来源：国际金融公司 (IFC). 家族企业治理手册 [EB/OL].(2009-10-15)[2021-09-12].https://www.ifc.org/wps/wcm/connect/region_ext_content/ifc_external_corporate_site/east+asia+and+the+pacific/resources/ifc+family+business+governance+handbook-chinese.

随着中国家族企业的发展壮大，到底哪些家族成员可以进入家族企业？如何进行业绩评估，以保证对家族成员评价的客观性和公平性？如果确信不能协调好家族成员的工作关系，需要制定怎样的处理程序？如何将家族关系与工作关系分开，既能维系亲密关系又能做到公私分明？对以上问题进行系统思考和统一规划，建立一个为所有家族成员理解并接受的家族企业政策是中国家族企业主的当务之急。

家族股东协议

所有权协议也被称为股东协议，是详细说明股份所有者法律权利与义务的契约条款。家族股东协议属于广义的股东协议范围，但它也有别于一般的股东协议：第一，从目的来看，家族股东协议除了要实现企业治理有章可依，更重要的是实现家族对企业的控制。第二，从内容上看，家族股东协议的内容除了公司董事会及管理层任命、公司重大事宜的决策之外，还涉及家族成员离婚时股权的分割、股东发生意外时股权的传承、股权估值、转让与回购以及股票分红政策等。第三，从设计上看，家族股东协议是针对若干年甚至十几年后可能发生的事项，在设计时还要考虑到未来可能出生或者加入家族中的成员情况（比如姻亲）。

家族股东协议中常见的难点就是如何"转股"。在家族企业进入兄弟姐妹合伙阶段或者堂/表兄弟姐妹联盟阶段之后，家族内部出现转股、退股或股权继承的需求更加普遍，这要求企业家们能未雨绸缪，做好股权规划。

情形一：家族成员对公司战略产生严重分歧

股东在公司战略方向上存在分歧的现象很常见。家族企业的特殊之处在于，家族股东可能同时参与企业高管层，如果身兼企业高管的家族股东之间的分歧到了无法调和的地步，家族股东退出、股权评估及转让的问题会变得尤为迫切。大部分的家族企业不允许将股权转让给家族之外的人士，除非多数家族成员股东投票通过；且家族企业或者家族成员对于转让的股份拥有优先购买权。比如李锦记家族就规定，李锦记股权持有者不限男女，但必须有李氏家族的血缘；如果家族股东想要退出，其拥有的股权由李锦记集团统一回购。也有的家族企业会设置"互购"安排（buy-sale arrangement），即分歧一方可以提出买断另一方股份的提议和出价，另一方有权决定接受或拒绝。但如果另一方拒绝，则必须反过来按原来的出价买断提议方的股份。有的家族企业会每年进行一次股权估价，从而为股权最终的转让或出售提供参考。

在实践中，某些家族成员会购买被认为"困难"的家族成员的股权份额，这看上去是合理的，但是股份的收购还是需要特别谨慎。因为收购的结果可能会改变家族内部的股权比例。香港镛记酒家的案例中，甘琨礼在其他家族成员不知情的情况下，私下收购妹妹甘美玲 10% 的股权，令自己的股权由 45% 增至 55%。成为镛记控股大股东之后，他便与大哥甘健成展开了激烈的权力斗争。因此，在收购家族成员的股份之前，最好能够与其他家族股东协商，共同做出更具平衡感的决定。[22]

情形二：家族成员的婚姻破裂要求股权分割

家族成员离婚也可能引发股权纠纷，中国民营企业家因为离婚引发的股权分割案件不少。比如，真功夫集团在 2008 年前后爆发的股东内讧就源起于蔡达标和潘敏峰两人离婚，后来事件持续发酵不仅让真功夫上市受阻，连蔡达标本人也因被举报涉嫌经济犯罪而身陷囹圄。葵花药业关彦斌离婚案则是以一场血案结束，最终难逃残酷的夫妻股权之争。

2019 年 1 月 1 日，葵花药业发布公告，公司董事长、总经理关彦斌因年龄原因申请辞去公司一切职务。然而背后真实的原因是，关彦斌与前妻张晓兰出现纠纷，失手将张晓兰砍成植物人后，被警方控制。张晓兰是葵花药业最初的 46 位股东之一，在与关彦斌 19 年的婚姻中，两人共同打造了葵花药业。据媒体报道，两人因关彦斌出轨并有私生子而离婚。2017 年 7 月，关彦斌、张晓兰宣布解除婚姻关系，但为确保关彦斌的实际控制人地位，双方协商签订了离婚协议约定：张晓兰将其直接持有的葵花药业 64.97 万股股份、葵花集团 76.01 万股股份、金葵股份 120.8 万股股份转让关彦斌所有；同时，关彦斌补偿她现金 9 亿元，分 3 年支付。离婚当天，关彦斌便开始通过股权质押及减持等资本运作套现，以支付离婚的补偿金。然而，2018 年股市行情低迷，股票套现计划面临巨大的流动性压力，使关彦斌内外交困。葵花药业最终也因创始人夫妻的离婚纠纷引发了严重的企业经营风险。[23]

股东婚变和股权分割会涉及公司控制权变更，甚至会影响公司的发展方向，进而引发外部投资者的猜测和担忧。土豆网和赶集网等就因大股东婚变导致上市计划搁浅，最终分别被竞争对手并购。因此，企业家们一定要提前预防离婚可能带来的股权风险。

提前预防的做法就是签订股权协议：（1）可以考虑在股权协

议中制定专门的买断条款，规定家族企业或其他家族股东有权买断转给前配偶的股份；同时，有必要为家族搭配资产或理财计划，使其有充分的现金流用以股份回购。（2）有些家族股权协议规定，家族成员若离婚，配偶无权通过财产分割获得家族企业的股份。不过，需要注意与之前的婚姻财产协议达成一致（见表 2-7 家族股权协议条款范例中的第 3 条款）。（3）设立家族信托隔离离婚风险。信托财产独立于委托人而存在，因此不受委托人婚姻关系变动的影响。在设立了家族信托的情况下，信托中的财产不同于委托人的其他财产，只能按照信托契约规定的目的、方式运作和分配，不会作为委托人的财产被配偶分割。龙湖地产的吴亚军和蔡奎的离婚涉及 577 亿港元的身家分割，却没有出现股权之争，家族信托功不可没。不过，由于国内信托配套立法方面还不完善，SOHO 中国潘石屹张欣夫妇、玖龙纸业张茵等均是通过在海外设立信托来进行股权规划的。

表 2-7　家族股权协议条款范例

1. 所有权只能给创始人的直系后代或者合法收养的继承人

2. 家族企业应由家族成员全权拥有

　2.1 子公司可以引进参股的合作伙伴，但家族企业必须持有子公司 50% 以上的表决权股份

　2.2 非家族管理者可以参与虚拟股票计划

3. 所有家族成员都应遵守股权协议并且在婚前签署婚前协议

　3.1 公司将为所有股东的所有权持有规划提供合法建议与帮助

　3.2 每个股东应与公司顾问和家族办公室主席分享其不动产规划及包括企业股权在内的股份持有规划

　3.3 所有成年的家族股东应参加每年一次的股东大会

　3.4 股东们应规避任何可能得益于公司竞争者的投资或行为。每个股东应该报告任何可能与公司主业产生利益冲突的投资或行为

4. 公司股东协议会明确股份赎回权利

　4.1 公司将在财年结束之后的 60 天内，给每个股东提供一份关于公司股价的书面证明文件

　4.2 公司将为所有股东披露由公司或者股东之间交易产生的股份赎回情况

5. 公司将设立一个公司担保信贷额度，向股东提供不超过其股票价值 50% 的贷款

6. 公司董事会将在每年股东大会提交一份分红政策建议，至少确保平均股息支出为净营业收入的 15%

资 料 来 源：MONTEMERLO D, WARD J L. The Family Constitution: Agreements to Secure and Perpetuate Your Family and Your Business [M].New York: Palgrave MacMillan, 2011.

情形三：家族掌门人意外去世或丧失行为能力

天有不测风云。当家族掌门人意外去世或者丧失行为能力时，如果之前未曾对股权进行约定或者安排，则可能导致家变争产。2015 年 6 月，三佳能源创始人阎吉英突然病逝，对于如何处置数百亿的身后资产，他没有留下只言片语。"妻子们"和子女们意见不同，协商不成，最终发动股权战争，将家族企业的前途推到了"悬崖边"。

　　阎吉英去世后，共有两方参与对其所持股权的争夺。一方是发妻曹玉莲及其五个子女（大女儿闫香梅、二女儿闫春梅、三女儿闫冬梅；大儿子闫慧光、二儿子闫慧辉），另一方是当地人俗称"二夫人"的 G 女士（集团财务总监、副董事长）及其一子一女。阎吉英在世时不但在公司倚重 G 女士，还给她及其儿子各留了 20% 的集团股份；三佳集团时下最赚钱的业务是绵山风景区，也由 G 姓儿子出任总经理。不过，对发妻以及其他五位子女，阎吉英却还没来得及安排后

事。曹玉莲是文盲，不问公司事；三个女儿都嫁了人，不在家中；大儿子闫慧光患病，居住于太原；只有二儿子闫慧辉随父打拼多年，目前负责集团的有机硅业务，被外界视为接班人之一。

双方争夺的焦点就是闫吉英剩下的 60% 的集团股份。曹玉莲一方觉得应该归自己，因为 G 姓母子一方已经有 40% 了，剩下就是老闫留给"嫡出"的；可把持着董事会的 G 姓母子并不认同。2015 年 8 月 1 日，曹玉莲一方聘请河南某审计事务所突然对三佳某子公司展开审计，被 G 姓一方阻止。争斗中集团财务电子系统被切断、拷贝，纸质资料被搬走，三佳旗下数十家子公司瘫痪。8 月 5 日，当地警方介入，带走河南某审计事务所等 19 人，被夺走的材料开始移回……8 月 24 日，三佳集团召开董事会，正式选举 G 姓女士为董事长，并担任法定代表人。为了三佳能源这个"巨人"继续站着，介休市政府曾组织协调三佳能源股权继承和变更等相关问题，但没有效果，5 个主要参会人员都没有在该协调会议备忘录上签字。后来，双方聘请了山西太原的知名律师，并给出关于股权分割的章程和协议，但双方当事人互不认可、互不签字。由于双方的矛盾，三佳集团旗下的三佳化工被迫陷入停产状态，加上此前已经停工的三佳煤化，目前仅剩下绵山景区还在维持经营。[24-25]

上述案例并非个例。家族企业创始人突发意外或者疾病去世，不仅继承人之间容易发生矛盾，继承人和公司其他股东之间也经常擦枪走火。如果事先没有通过股权协议、遗嘱等对股权问题进行妥善安排，往往会造成家族内乱和公司僵局，严重的可能导致企业瘫痪。民营企业家们可以借助法律专业人士的帮助，为自己的家族量身打造股权协议，包括通过配置人寿保险、家族信托等来完善传承安排、降低企业股权的不确定风险。

家族宪法

家族宪法通过文字明确区分家族成员、股东、董事会和管理层，借助"宪法"把这四个主体的行为规范化，界定各主体的角色定位和权利义务，确保家族能够保持团结，永续经营。家族宪法将家族治理制度化，内容一般包括：使命宣言、家族核心价值、家族治理机构与公司治理机构的双层规划等，明确家族成员的权利和义务，确保家族所有和家族经营是家族成员共同的目标。表2-8是罗莱集团薛氏家族宪法的部分内容。

表2-8 罗莱集团薛氏家族宪法（部分）

家族愿景
家族人丁兴旺、感情紧密、人才辈出、事业繁荣昌盛，成为家族传承的典范

家族使命
凝聚家族力量，壮大家族事业，让人们的生活更加健康舒适美好

家族治理机构
■ 家族委员会是家族事务的最高决策机构，公司的最高决策机构是董事会
■ 定期召开家族大会，让每位家族成员就宪法中规定的行为准则给自己评分，并由家族委员会进一步评估并公布结果
■ 创业基金委员会鼓励家族成员进行内部和外部创业。内部创业项目由公司投资决策委员会组织评估；外部创业项目由创业基金委员会决定
■ 薛氏家族每年从公司分红中拿出固定的比例作为家族慈善基金，用于家族热衷的公益项目

续表

家族雇佣政策

- 结合家族成员的特长和意愿，做好家族成员的事业规划
- 让能力强、主观意愿强的家族后代优先接班
- 接班人要有 15 年以上工作经验，在家族企业经验不少于 10 年，并经过一半以上家族成员认可
- 鼓励接班人去标杆企业锻炼，积累一定经验（尽可能做到中层管理岗位以上）之后，回家族企业担任中高级岗位，再逐步接手企业
- 在确认有效的前提下，鼓励接班人服兵役，锻炼意志品质
- 为进入家族企业的接班成员安排职业导师团队。导师团队由一位家族成员与专家型外部董事组成，职业导师是为接班的家族成员在实践历练中的活动提供辅导与支持

董事会

公司重大决策是由家族成员和外部顾问团队组成的董事会制定，以确保决策的科学性和延续性

高级管理层

家族企业的日常经营管理推行总裁负责制

其他

包括家族股权分配及赎回等政策还在制定和不断完善过程中

资料来源：中国纺织报. 罗莱总裁正式交棒，薛伟斌自述家族企业长青秘诀 [N]. 中国纺织报，2018-11-08.

华人企业的家族宪法有时会将传统文化融合进来。比如，新加坡国际元立集团陈氏家族的家法家规就具有明显的儒家文化底蕴（见表 2-9）。国际元立集团的前身是陈亚财先生 1939 年创立的"陈财发农场"。他来自中国潮汕地区，初到新加坡时以养猪种菜为生。后来在以陈逢坤为首的第二代家族成员的共同努力下，国际元立集团已经发展成为包括农业、超市、高尔夫俱乐部、度假温泉酒店、国际学校、地产开发的业务多元化、营收百亿的跨国企业集团。在此过程中，陈氏家族发展到 200 多人，其中 80 多人仍共同生活在樟宜的陈家庄庄园，同居共财，陈氏家族是当今非常罕见却又

令人羡慕的超级大家族。陈家庄家法家规在维系整个家族的关系上发挥了重要作用。

表2-9 国际元立集团陈氏家族的家法家规

家规（生活在陈家庄的家族成员的行为规范）
- 孩子间发生争吵，各自父母带开孩子回房间劝导教育
- 成人间不准吵架，有意见不合通过沟通协调解决争执
- 兄弟间不批评对方妻子和孩子，有问题通过长辈协调
- 吃饭时不可随意批评
- 严禁聚集谈论他人是非
- 尊敬长辈，爱护晚辈
- 不乱丢垃圾，不乱涂鸦，不破坏公物
- 晚归或不回家时，一定要通知父母
- 年轻人禁止带异性朋友回家过夜
- 接受工作指派

家族管理与福利制度
- 家族成员的福利制度
  涵盖了陈家庄家族成员结婚、生子、托儿、教育、交通、厨房、退休、医疗费等8项内容
- 家族成员的行为规范
  包括在外活动、周围环境、家庭纠纷、破坏公物和投诉5项内容
- 明确界定家族成员和企业员工的角色
  包括工作、工资、红包及花红和管理层4项
  "管理层"条款说明的是家庭管理层及公司管理层的成员组成（公司管理层由家庭管理层及外来人才组成。虽然两个领导班子人员上有交叉，但并不完全相同）
  "红包及花红"条款规定，管理层在过年除夕的时候将按照个人情况决定家庭成员的红包及花红。在公司任职的成员将根据相关主管的评估及公司所设定的制度领取花红
  "工资"条款规定，家庭成员应尽力把所安排的工作做好。公司将按照个人职责、工作范围及表现决定个人工资
  "工作"条款规定，成员的工作由家庭管理层安排。如有不满，可向管理层提出协商。家庭成员如果要在外面工作，须通知管理层并且得到本人父母的同意

续表

家族治理机构

■ 家族管理层

主要职能：家务工作的安排、家人之间的沟通协调以及带领家族年长者就医

第一届家族管理层：陈逢坤和太太戚志萍、陈逢秋（二伯的儿子/国际元立集团的第二把手）

第二届家族管理层：陈逢秋和太太陈婉芳，以及第三代的陈秀庄（陈逢木的女儿/百美超市总经理）和陈永兴（陈逢钦的儿子/时任中央配送部高级经理）

家族会议

■ 每年召开 1~2 次家族会议；向家族成员通报相关企业信息，并强调对家族成员的期望

架设陈家庄内部局域网，加强在不同地方工作的家族成员间的沟通

资料来源：李永乐.世纪陈家庄：从养猪户到营收百亿的企业家族传奇[M].台北：商周出版社，2012.

在陈家庄家规中：（1）"尊敬长辈，爱护晚辈"条款强调家族成员对家族长辈的"孝"（尊敬）。（2）"孩子间发生争吵，各自父母带开孩子回房间劝导教育""成人间不准吵架，有意见不合通过沟通协调解决争执""兄弟间不批评对方妻子和孩子，有问题通过长辈协调"等条款说明，如果家族成员之间爆发冲突，要忍让规避冲突，事后由家长或最年长家族成员出面协调，而不是在家族成员间直接进行对话。（3）"接受工作指派"等条款强调家族成员的工作安排要服从家长安排；家族成员如果要在外面工作，须通知管理层并且得到本人父母的同意。以上都是儒家文化的基本规范。

因此，在制定家族宪法之前要了解整个家族的文化和家族行事风格。作为一个长期约束性的条款，其订立并不容易。实际上，家族宪法制定的过程远比结果更为重要。所有家族成员都要参与

制定的讨论，并聆听其他成员的心声。创业家族还可以委托律师和会计师分别从法律和税务规划层面确保家族宪法内容既没有违反法律、公序良俗等，也没有实务操作上的难度。经过家族内部的多轮意见反馈和增删修订之后，家族宪法的正式条文由家族全体成员无异议通过后共同签署。社会心理学家有一个重要发现，就是当人们亲自参与了某项决策的制定过程时，他们会倾向于坚持立场，且在外部力量冲击下也不会轻易改变立场。这种坚持产生的可能性主要取决于两种因素：一是个体是否参与决策形成的过程；二是个体是否为此进行了正式承诺。因此，经过所有家族成员协商一致并签署的家族宪法才有较高的执行效力。

在实践中，有些创业家族还会组织专门的家族宪法宣誓活动。比如罗莱集团薛氏家族，他们的宣誓词如下："我们作为薛氏家族的成员，我在此宣誓，我已阅读宣誓家族宪法，我理解宪法，我以我的权利和责任，我将支持和维护薛氏家族宪法的权威，我将忠于家族的愿景和价值观，我将努力履行在家族以及企业当中的职责，我将培养后代成为合格的薛氏家族成员，我会在有生之年团结家族成员，维护家族利益，壮大家族事业，促进家族繁荣……"这种颇具仪式感的家族活动，可以增强家族成员对于家族宪法的高度信念。

家族宪法是一份与时俱进的文件，应随着家族和企业的发展而不断调整。中国家族企业由于自身所处的成长阶段，大多没有正式的宪法，但是他们通常有一套不成文的规则和习俗，对家族成员和企业治理机构的权利、义务和预期进行约定。随着家族的繁衍壮大，以文字方式建立一套适用于所有家族成员的正式宪法就变得重要起来。有着长期导向的企业家应该关注对家族价值观等的提炼与总结，尽早建立符合各自家族的宪法规章。

表 2-10 是一份来自国外多代企业家族的宪法样本，供参考。

表 2-10　克洛普家族的宪法样本

1. 总则

　　1.1 目的

　　本家族章程旨在为未来 10~15 年里家族成员与企业之间的关系提供基准，我们可以预见，在这段时期内会发生由第二代到第三代的变革。我们克洛普家族的成员，对我们的共同条约表示认可，并肩负要通过克洛普公司将其继续传递给下一代的责任

　　1.2 使命

　　在总则及细则中，有必要牢记的是，家族章程阐明了家族企业发展的目标，并因此概述了企业和家族间的关系的类型和主要内容。强调了增强团结和承诺的方式，它们是家族企业的必要组成部分。绝不能违反制约企业的法律条款或公司规章

　　1.3 家族章程的批准和修订

　　家族理事会是批准章程的合法主体，并可以在必要的时候修订现有的章程

2. 家族章程的指导原则

　　2.1 关于创始人

　　本公司是由艾伯特·克洛普和杰拉尔德·克洛普创立的。公司逐渐发展成长为现在的规模，并具备了现有的竞争力，这不仅是因为创始人的努力和他们创立时制定的原则，更重要的是因为不断地奉献、势不可挡的职业化和对第二代继任者的适当判断

　　我们是第二代的成员，其中一些人还管理着这家公司，我们想为第三代成员留下书面的文档，记录下这些曾经指导创始人的行为及其日复一日的工作原则和范例，因为它们在我们的企业经营中是无时不在的基准

　　2.2 需要传承的价值观

　　同样，我们第二代成员希望传承其他一些价值观，这些价值观构成了这些年所获成就的基础

　　2.2.1 职业道德和责任感。这些是延续创始人的企业家思想的最佳途径

　　2.2.2 理解、团结、和谐及股东间的联合。它们在公司的延续中起着重要作用

　　2.2.3 尽心工作。作为股东，我们必须始终牢记我们的行为可能对公司、其他股东和我们家族的声誉所产生的影响

　　2.2.4 道德行为。正如谨慎、诚实和品格高尚所证明的，道德行为有利于共同的利益

　　2.2.5 为实现公司目标做出贡献和承诺

2.2.6 对公司管理层的信心，包括对现在承担管理责任的人和将来可能承担责任的人

2.2.7 对家族和家族企业的热爱和关心。家族股东或董事会成员不应当因其所有者身份而在集团经营中享受职业生涯的任何特权。从这个意义上说，活跃在管理层的家族成员将与其他非家族经理享有相同的权利和责任（诸如薪酬、工作时间、晋升、假期等）

2.3 其他价值观

第二代成员们致力于确保以下价值观逐步为第三代所了解和认可

2.3.1 在工作和家族之间保持平衡。这样才能够长期维持家族团结并且适当地为公司效力

2.3.2 希望成为一个重要的、肩负社会责任的企业中的一员，这个企业应当能够一直保持竞争优势。一个家族成员的动力应当在给他所提供的机会中去寻求，以便能够共同合作，为家族企业的成长和延续做出贡献

2.3.3 能理解家族企业股东的义务和责任，其中突出的需要是，要为公司挑选出最优秀的股东并且为其他股东的利益而积极合作

2.3.4 能理解作为家族企业的股东进行参与是我们先辈留下的特权，作为我们的传统，我们必须尽可能负责地运用资本使企业增值，并将其传给下一代

2.3.5 希望交给后代一个在其领域内表现卓越的企业

2.3.6 有义务为资产变现与和平分家寻求解决办法，在同意现有程序的条件下可以与不想继续参与企业经营、不认同前文提到的价值观的股东和平分家

3. 我们期望成为的企业类型

3.1 一个坚持由家族掌握所有权的企业，正如家族理事会和董事会所述

3.2 一个居于本领域内领先者行列并在行业内最优秀的企业

3.3 一个技术上领先的企业，全力投入，尽可能达到最低成本，在它运营的价值增值链中有一个强大的网络

3.4 一个持续经营的企业，代代相传，做"一个家族经营的企业"，董事会和执行委员会都有家族成员。因此，工作职位不能不加区别地提供给任何家族成员。在企业中就职的家族成员应当这样对待领导职位——为了顺利履行职责，这类职位需要一个具备团结意识、领导能力和先进专业技能的人。在尊重个人自由的范围内，家族成员应优先考虑向公司领导职位发展

3.5 一个有规范组织结构的企业，能够为家族和非家族经理提供令人兴奋的职业机遇，并使之在专业管理的最新知识支持下具备自主管理的能力

4. 对我们家族企业的期待

4.1 经营规模的增长。尽管存在现有竞争和市场的变化

4.2 资产价值的增长。以高于行业平均水平的利润率和增长率为目标，增加股东价值。这将通过高层管理者的以下战略承诺来实现：

为客户提供最好的产品或服务价值来赢得客户的忠诚。开发新产品和服务；进军有前途的新市场和细分市场，放弃那些希望较小的市场；通过规模经济、一体化以及时刻警惕官僚主义来达到最低成本；收购和发展子公司和合资公司；进行并购，推动上述方法所描述的组织增长

续表

4.3 平稳增长，不冒不必要的风险，不参与投机

4.4 主要靠内部现金流提供增长。只有在极端情况下，由于全球市场的发展，公司才应当依赖外部债务和公开上市来发展

4.5 对市场敏感的红利政策。该政策关心企业对持续再投资的需要

4.6 为股东提供广泛的信息。主要是关于企业和市场的状况

4.7 就高层管理职位而言，同等条件下家族成员优先。只要在总裁或董事会认为一个家族成员有能力胜任他所渴望的高层管理职位时就是如此。一个合格的家族成员将比同样合格的非家族候选人优先获得这一工作

4.8 关于所有权转让和继任的专业建议，以便个人的行为和行动不会为组织整体带来麻烦

5. 在家族企业工作：家族雇佣政策

家族成员了解在克洛普公司的特有责任和挑战是很重要的。他们必须被告知在大多数情况下，他们要比其他员工接受更高的行为和绩效标准的约束。我们主张采用实习计划来帮助未来的接班人进入公司

5.1 家族成员必须与非家族成员符合相同的雇佣或解雇条件

5.2 家族成员与非家族成员要接受同样的绩效审查

5.3 家族成员的报酬与非家族成员一样，将根据所任职位的"公平市场价值"而定

5.4 家族成员可能在 30 岁前就有资格进行职业生涯的实习。这种临时职业局限于任何不超过 12 个月的工作。家族成员可能受鼓励去参与其他公司与克洛普公司互换的实习项目

5.5 没有任何家族成员能够终身实习或一直在新人水平的职位上工作；新人水平的职位定义是指一个人不需要在进入克洛普公司之前有工作经验或受过培训

5.6 要求终身雇佣的家族成员必须至少有 5 年在克洛普公司之外的工作经验。其中一项工作必须至少 3 年是同一个雇主，在此期间必须至少有 2 次晋升或有关绩效、能力、责任和信任水平提升的类似证明。我们的观点是，如果一个家族成员在其他公司不是一个有价值的雇员，很可能这个家族成员在克洛普公司也不会开心或有工作积极性

5.7 管理学、工程技术和其他与克洛普公司成功的必要知识相关的学科的学位都是受鼓励的。家族职业发展委员会负责面试、培训、指导有加入意愿的家族成员；人力资源部和公司的相关部门负责做出是否雇佣的最终决策

6. 家族企业的所有权

6.1 股份的所有权

家族成员应当保留股份的所有权

6.2 对所有者的建议

为了保持对自由及个人需求和抱负的充分尊重，所有者应当：时刻考虑通过财产继承计划、转股协议等对企业和其他所有者产生影响。从这一意义上说，理想的实施过程应当是不断寻找最有利的方式强化家族企业的凝聚力和股东对企业持续经营的承诺。以最稳健的方式，让第三代中有能力的成员能够以有见识的、负责任的身份参与年度股东大会

6.3 股东资产变现

为了方便股东资产变现，公司将尽其所能发放红利并建立流动基金。基金的目标是为股票提供买方（也就是家族企业）。其意图是按照法律和家族章程的规定确保小额的资产变现

资产变现的主要法律要点：最大限额。每年可购买的最大限额是公司股份总额的1%，具体取决于可用的资金量。家族企业的价值将按照评估专家提出的、经董事会批准的方案进行年度估算。在前文提到的方案中，股票总数的不同价值，无论多少，都要被记录下来。通过评估过程确定的价值将向股东公布。转让：当一个股东想要出售股票，而其他股东愿意以高于基金的价格购买，或基金无力购买时，董事会将按照售卖协议对转让进行授权

7. 治理主体

在一个试图加强股东参与和认识的家族企业中，治理主体有两种类型：

那些负责管理公司的人——在章程、年度股东大会和董事会中所确定的那些人。在必要的情况下，还包括其他由董事会和管理团队规定的人

家族理事会，负责股东的培训、沟通和发展及执行家族章程

7.1 年度股东大会

在定期的年度股东大会上，股东将得到广泛的信息，以便进一步熟悉本家族企业。如果该信息需要保密的话，家族成员要同意不随意地使用该信息

7.2 董事会

年度股东大会结束之后，董事会是公司最高的治理主体。执行委员会受董事会领导并对董事会负责。董事会的职能在相应的法律中有详细规定，包括：审查和批准战略；审查企业的财务绩效并保证高层管理者对这些绩效负责；确保管理者和企业的行为合乎道德；促进公司管理人才资源的开发

7.3 董事会操作规则和条例

董事会成员的选举定期按照州政府法律和公司状况进行

家族成员在董事会的任职期限不能超过3个3年的任期，鼓励由其他更称职的家族成员轮流担任

保证至少有3个影响力强的独立外部人士在董事会中任职

董事会可以有咨询和顾问人员。咨询人员是独立、知名的专业人员，能就相关主题提供有见地的信息

会议应当按季度举行并至少提前一年筹备

7.4 家族理事会

家族理事会的主要目的是在家族成员和股东中促进对企业、家族和企业与家族间关系的深刻理解。它的职责包括：就企业事务通知家族并对其进行教育；促进家族与企业的关系；对家族成员进行家族传统教育；普及家族章程的内容并使之始终成为有效力的文件；根据他们的判断，向所有的家族成员提出家族章程的变更，这有助于培养家族成员和股东更深入的理解及公司所有者和管理之间更良好的关系

家族理事会由第二代的4个支系各派两个成员组成。成员代表由各支系选举产生。在董事会中任职的家族成员同时也在家族理事会中任职，并充当两个治理主体之间的连接点。第二代家族理事会的全体成员数目仅限于9人。家族企业外部的专家也可以促成家族理事会会议的召开

续表

7.5 下一代委员会

我们要鼓励家族成员参与到公司中。我们带着责任感和义务，而不是凭借权力来提拔新人。因为下一代成员可能成为有投票权的股东、公司雇员、董事会成员，他们在此之前参与到适当的家族和企业活动中是必要的。下一代委员会将包括由家族理事会选出的9位家族成员。成员资格将在下一代之中轮换。它的主要职能包括：明确和指导下一代成员把握教育培训机会和参与家族企业工作的机会；就影响家族与企业关系的问题，向上一代提供反馈和意见，以此鼓励发言和参与感

下一代委员会将每季度召开一次会议，并与家族理事会和董事会相协调

下一代委员会的成员将收到有关企业状况的信息，会促进对他们的培养并加深他们对企业的理解

7.6 家族集会

家族集会由所有有血缘关系的成员及其配偶组成，每年举行一次，目的是：加强彼此之间的认识和了解；加强对企业的认识和了解；休闲娱乐并推动家族纽带的延伸

资料来源：珀扎．家族企业 [M]．付彦，等，译．北京：中国人民大学出版社，2005.

第六节 小 结

1. 创一代应注意创造以家庭为重的环境。在不影响企业运作的前提下为子女的培养教育、妻子的关爱支持、家庭集体娱乐挤出时间。建议企业家的财富越多越应该注重情感、亲情和身心的平衡。大量的案例说明，不注重家族治理的民营企业很容易被失调的家族系统反噬。

2. 家族治理是创业家族建立的一整套规范和强化家族内部关系，以及家族与企业之间关系的制度安排。家族治理包括正式治理机制和非正式治理机制，一个良好的家族治理结构是正式治理机制和非正式治理机制相互补充的结果。

3. 保持家族团结必须具备开放的沟通渠道。创业家族要组织可供家族成员表达自己意见、获得企业信息、联络彼此感情、提升家族身份认同的家族会议。家族会议的形式会随着家族动态与企业动态而改变。

4. 家族沟通机制的有效运行取决于两个主要因素：一是家族掌门人必须改变"一言堂"的领导风格，鼓励家族内部形成自下而上、共同协商的良好氛围。二是需要家族成员投入时间精力去学习沟通技巧，包括倾听、表达、应对冲突以及会议管理和主持等。

5. 女性在培养家族领袖、保持沟通畅通、教育姻亲成员、调节家族矛盾等方面发挥着重要作用，这被称为"首席情感官"角色。企业家族要为女性参与家族治理创造机会：比如，为家族女性成员成立专门的组织；鼓励企业家配偶或其他女性成员参与"如何培养有责任感的所有者""沟通与礼仪"等内容的系统化培训；让她们担任家族慈善基金、家族办公室等机构的负责人。

6. 创业家族可以依据自身情况设立专门的家族财富管理机构。家族办公室是负责管理家族财富的常设机构，可为股东大会和管理层提供专业化建议。家族基金会经常与家族办公室合作，具体负责将家族财富用于各种社会目标的捐献。对于投资多元化的企业家族，家族控股公司也被列为家族治理机构之一，对家族持有的旗下公司、度假物业、慈善事业、家族信托及其他投资等承担整体监管责任。

7. 家族治理制度是治理家族内部关系，以及家族与企业之间关系的口头约定或书面规定。依据功能不同可以将家族治理制度划分为：家族使命、家族企业协议、家族股东协议和家族宪法。家族治理制度应根据家族和企业的动态发展需要不断进行调整。但随着家族的繁衍壮大，以文字方式建立一套适用于所有家族成员的正式家族宪法就变得重要起来。

8. 创业家族应该尽早起草家族使命和共享价值观。这个举动在家族中创造了凝聚力，帮助家族成员重新认识对家族和企业的责任。家族价值观会被带入家族企业中，向下一代示范诚实、正直、互敬互爱的品质是怎样帮助企业发展的。

9. 有意识地在三个方面对家族成员进行教育：（1）沟通和交际能力；（2）个人成长及发展；（3）家庭文化和历史。对于下一代，创始人父母应该在不施加压力的前提下，尽早让他们接触家族企业，也应传授子女们倾听和沟通等流程处理的能力；向期望在家族企业工作的年轻人提供职业咨询、职业意向测试及培训；谨慎地教育姻亲成员，让他们学习家族文化、家族政策、股东协议等，这可以建立姻亲成员对家族和企业的支持。

10. 创业家族在制定家族宪法之前必须了解整个家族的传统。中国家族传统素有儒家式的家规和家训，家族宪法可以结合各自家族的特征将传统文化融合进来。

11. 中国大多是计划生育下的小家庭，因此不必要采用那些复杂家庭建立家族委员会和家族宪法。但是，无论何种规模的企业家族，都需要把家风立好，把在家庭内部遭遇重大事件时民主讨论的议事规则定好。

12. 家族协商并制定家族治理制度的过程比结果更重要，因为家族成员在沟通的过程中可以更加熟悉彼此，并学会如何作为一个团队达成一致意见。社会心理学家有一个重要发现，当人们亲自参与了某项决策的制定过程且对结果进行了正式承诺时，他们将更有执行力，即使遭遇外部力量冲击也不会轻易改变立场。

13. 中国家族企业的发展历史还不长，企业家们不妨做学习研究家族企业的学生，通过阅读、参加研讨、访问其他成功家族企业的方式自学如何管好家族企业。

参考文献

[1] 梁能 .GUCCI 家族沉浮录：一个辉煌品牌背后的血腥家族史 [EB/OL].(2017-01-17)[2021-09-13].https://www.sohu.com/a/124527139_177801.

[2] 周元 . 古驰家族（Gucci），血雨腥风后的一地鸡毛 [EB/OL].(2018-07-06)[2021-09-13].https://www.jiemian.com/article/2289477.html.

[3] 弗里斯，卡洛克，特雷西 . 沙发上的家族企业 [M]. 钱峰，高皓，译 . 北京：东方出版社，2011.

[4] 王国璋，郑宏泰，黄绍伦 . 李文达传——酱料大王的传奇 [M]. 香港：三联书店（香港）有限公司，2018.

[5] LAMP C E. The Positive Influence of Family Governance on the Family Business System: A Multiple Case Study[D]. Spokane:Gonzaga University, 2010.

[6] BRENES E R, MADRIGAL K, REQUENA B. Corporate Governance and Family Business Governance[J]. Journal of Business Research,2011,64(3):280-285.

[7] 钱丽娜 . 李锦记：华人企业家族治理轨制探路者 [EB/OL].(2016-04-29)[2021-09-13]. https://www.docin.com/p-1553805536.html.

[8] POZA E J, MESSER T. Spousal Leadership and Continuity in the

Family Firm[J].Family Business Review,2001(14): 25–36.

[9] 牛根生的博客 . 关于 "老牛专项基金" [EB/OL]. (2007–01–15) [2021–09–16].http://blog.sohu.com/error/blogstatus.do?status=3.

[10] 杨百会，夏高强 . 雷永胜："老牛" 初长成 [J]. 中国慈善家 ,2018(12):28–35.

[11] 元立方金服 . 家族办公室管理模式全解析 [EB/OL].(2018–07–05)[2021–09–13].https://www.jiemian.com/article/2285346.html.

[12] 汉正家族 . 中国家族慈善的先行者：牛根生家族 [EB/OL].(2019–08–26) [2021–09–13].https://gongyi.ifeng.com/c/7pSMY9h1Dvb.

[13] 麦兴桥 . 揭秘慈善企业 "李锦记" 的家族核心文化 [EB/OL].(2018–09–04)[2021–09–13]. http://wap.zijing.org/?action=show&contentid=762581&page=10.

[14] 聆听 . 李锦记集团主席离世，家族传承中的经典符号会否消失？ [EB/OL]. (2021–07–28)[2021–09–13]. https://www.sohu.com/a/479989841_99953780.

[15] 弗格森 . 罗斯柴尔德家族 [M]. 顾锦生，何正云，译 . 北京：中信出版社，2012.

[16] 白益民 . 三井帝国启示录 [M]. 北京：中国档案出版社，2006.

[17] 范博宏，张天健 . 家族宪法：治家传业的根本法 [J]. 新财富，2011(10)：90–95.

[18] 赵国瑞.法国式的家族宪法 [J].英才，2012(10)：152-153.

[19] 周生春，陈倩倩.家族商号传承与治理制度的演变——以胡开文墨业"分产不分业"为例[J].浙江大学学报(人文社会科学版)，2014(3):34-43.

[20] 普华永道.【全球家族企业透视】香港李锦记：永远创业精神的价值 [EB/OL].(2019-01-16)[2021-09-13].https://mp.weixin.qq.com/s/Aopz7HQoE-CMQkqiAjPQjw.

[21] SUNDARAMURTHY C. Sustaining Trust within Family Businesses[J].Family Business Review,2008,21(1):89-102.

[22] 苏明月.传统是不成文的成功法则 [EB/OL].(2016-07-08)[2021-09-13].http://www.cfbr.com.cn/news/661.html.

[23] 高皓，安静.家族战争："现金换股权"的致命分手记 [EB/OL].(2020-09-29)[2021-09-13].http://www.cb.com.cn/index/show/jz/cv/cv132701520.

[24] 赵毅波.三佳集团债务迷局：昔日明星企业近一年涉 30 起诉讼 [EB/OL].(2017-06-06)[2021-09-13].https://www.sohu.com/a/146501271_123753.

[25] 王明勇.富豪去世了：未立遗嘱，家事难断 [EB/OL].(2015-10-28)[2021-09-13].https://wenku.baidu.com/view/61d60e3c0029bd64783e2ca7.html.

第三章

所有权治理

根据家族企业三环模型，企业系统的治理包括两部分，一是所有权系统的治理，二是管理层系统的治理。本章将重点讲述家族企业中的所有权治理。与其他类型的企业一样，董事会治理是所有权治理的本质和核心；但不同的是，如何成为一名负责任的家族股东也是家族企业所有权治理关心的内容之一。

第一节　所有权治理需求与结构的演变

所有权治理的需求并非从家族企业成立之初就有，问题的出现源于股东目标的分歧，而这与企业和家族的生命周期相关：（1）在企业主独立经营阶段，家族系统与所有权系统基本重合，企业主是唯一所有者或控股股东，在家族和企业里都是领袖和决策核心。这一阶段所有权治理问题几乎不存在。（2）当第一代所有者年纪渐高，他们不得不思考家族企业的传承问题。如果想要把企业控制在家族内部，就需要在第二代中选择一个接班人或者几个兄弟姐妹共同经营。选择前者的话，家族企业的所有权结构保持不变；选择后者的话，家族企业则进入了兄弟姐妹合伙制。随着股东人数的增加，他们对企业发展目标与战略的看法可能会出现分歧，所有权治理的需求就开始产生了。（3）如果合伙经营的兄弟姐妹决定把股权传给各自的下一代，家族企业的所有权结构就进入了堂/表兄弟姐妹合伙制，也即家族合伙制。由于有的家族股东可能留在家族企业工作，而有的家族股东选择开辟新事业，不断扩大的股东群体会对所有权产生不同的愿景，他们在企业战略上的分歧也会越来越大。例如，有些在企业中任职的股东更关注企业成长，而不在企业工作的股东更关心股息收入；有些股东将持股看成是家族自豪感的来源，而有些股东更倾向于将企业看成是子女未来的工作场所等。不同的战略意图会使股东们发出不同的声音。如果他们之间无法达成合理共识，很可能导致冲突。尤其当家族企业在某个发展阶段选择上市，外部投资者的进入可能使所有者群体发生进一步分化，所有权结构更加复杂，治理问题更加凸显。

当家族企业股东人数增加后，让所有股东都参与公司管理不太现实，这时股东大会的代理机构——董事会就产生了，并与股东大会在权力上有了明确的划分。公司的管理权归董事会，股东大会不能干扰他们合法的行为。我国《公司法》规定，除了股东人数较少或规模较小的有限责任公司可以不设董事会外，[①]其他

---

① 《公司法》第 50 条规定，股东人数较少或规模较小的有限责任公司可以设一名执行董事，不设董事会。

的有限责任公司和所有的股份有限公司应一律设立董事会。

　　所有权结构变化的同时，家族企业的所有权与管理权也可能逐步分离。首先是随着家族繁衍和股权在代际之间的分割传承，家族企业会面临家族股东与家族经理的分离；如果恰遇企业规模扩张与业务多元化，家族企业可能会引入职业经理人，使得所有权和管理权进一步分离。两权分离之后，股东大会除了保留剩余索取权、剩余控制权以及少数几项最终决策权之外，会把更多权力授予公司董事会行使，导致董事会在公司内部治理结构中处于越来越重要的地位。由此，家族企业的公司治理结构演变为家族股东、董事会和管理层之间的一系列关系。每个主体有各自不同的角色和职责，他们在治理体系中发挥着相互依存的关系（见图3-1）。

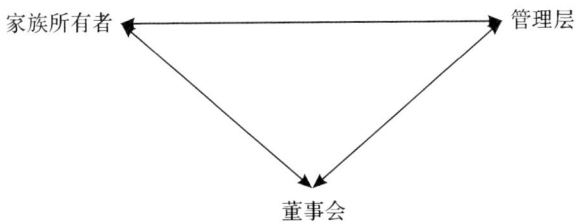

图 3-1　家族企业的公司治理结构

以家族所有型企业为例：

　　（1）家族股东与董事会、管理层分享家族的价值观和使命；负责任的家族所有者让董事会、管理层和其他股东放心。这里"负责任的"所有者行为包括：尊重股东角色的限制，了解业务并为公司治理过程提供领导；通过监督公司绩效、提出反对意见或批准公司管理层的行动确保公司运营良好。

（2）董事会是股东利益的保管人。董事会既要以股东财富最大化作为主要目标，同时要解决代理问题，要对职业经理人和家族经理人的绩效进行监督。

（3）管理层负责执行董事会决策，并处理公司的日常管理事务。当然，家族股东不能完全做"甩手掌柜"——将董事会作为自己与管理层交流的唯一媒介；负责任的控股家族需要与关键的职业经理人保持正式或非正式的沟通，以确保双方的目标一致和紧密合作。

吉百利公司就是一个英国家族公司治理转型的典型案例。[1-2]

吉百利公司是由约翰·吉百利（John Cadbury）于 1824 年创立的。最早的经营范围是出售茶叶、咖啡、可可、专利啤酒花和芥末，后来专注于可可的生产和销售。1831—1861年，创始人拥有并亲自管理家族企业。1861 年起，他的两个儿子理查德（Richard Cadbury）和乔治（George Cadbury）接管了公司，吉百利从创始人独资企业转变为兄弟合伙企业。

1899 年理查德·吉百利逝世时，公司已经发展到了 3000人左右的规模。乔治认识到，下一代家族成员应该进入公司的管理层，并为公司的未来建立一个稳定的结构。由此，吉百利从合伙制企业转变为有限责任公司，同时成立了董事会。第一届董事会由乔治（董事会主席）和他的两个儿子、理查德的两个儿子以及另一位家族成员组成。董事会有自己的章程，定期开会并保留会议记录。这是公司制家族企业治理结构的第一阶段。

公司治理结构的第二次变化是 1919 年吉百利与弗莱公司（J. S. Fry & Sons）的合并。曾是行业龙头的弗莱公司是一个成立于 1728 年的家族企业。20 世纪初它被吉百利超越。当时，弗莱家族已经不直接参与家族企业的管理。所以，两家公司合并后弗莱家族的成员就不再参与其中，而吉百利家族中既是高管又是股东的成员人数超过了两个家族不参与管理的股东人数。管理公司的家族股东和不参与管理的家族股东开始出现利益分歧。怎样实现家族股权的交易和变现成为争论点。

家族二代理查德和乔治两兄弟共育有 19 个孩子。随着家族繁衍，所有权在两个家族分支之间扩散。在 20 世纪 60 年代早期，家族股东的数量已经增长到几百人，但是真正参与到公司业务中的家族成员仅有 10 人。没有参与公司管理的家族成员渴望实现持股的资本价值，呼吁家族企业上市的声音不断增大。1962 年吉百利成功上市，吉百利家族控制了一半以上的股份，且占据了当时董事会的绝大多数席位。

公司治理结构的最终变化来自 1969 年吉百利与软饮料公司史威斯（Schweppes）的合并（公司名称变为吉百利史威斯联合公司）。当时，吉百利的年营业额是 2.5 亿英镑，相当于竞争对手雀巢的三分之一。但雀巢公司有着双重股权结构，并且记名股票仅出售给瑞士公民，这种制度安排使得雀巢免于敌意攻击并使收购几乎变得不可能；而吉百利缺乏这些安全保障，还受制于英国的竞争法无法收购实力弱小的竞争对手朗特里，这给了雀巢机会。1988 年雀巢公司以 25 亿英镑收购朗特里，在英国市场建立了渴望已久的根据地。这导致吉百利的竞争地位逐渐弱化，处境堪忧。当董事长多米尼克·吉百利（Dominic Cadbury）在 2000 年退休时，家族和家族信托持股的占比仅剩不到 1%，他也是在这家公司工作的最后一个吉百利家族成员。随着多米尼克的退休，吉百利最终成为股权分散、由职业经理人打理的现代公众公司。

第二节　所有者的角色与职责

家族企业所有者的角色有两种：一是战略导向的指引者；二是企业系统的治理者。每种角色相应的工作职责见表 3-1。

表 3-1　所有者的角色与职责

角色	工作职责
战略导向的指引者	建立价值观、愿景和目标，为公司提供指引，并清晰地将价值观、愿景与目标传达给董事会与管理层 定期与管理层进行沟通交流，共同探讨企业应该如何在经营管理过程中实现所有者的价值观与目标
企业系统的治理者	选举董事，并通过对董事人选的控制向公司施加重要影响力 建立讨论与解决家族所有权问题（比如流动性、所有权结构）的机制 成为董事会与管理层的合作伙伴，监督管理层以确保企业运营反映了所有者制定的价值观、愿景与目标 鼓励或进行政策制定，对家族与企业之间的关系提供指引

资料来源：阿伦诺夫，等 . 家族企业所有权——如何成为合格的股东 [M]. 胡弯，马俊龙，译 . 北京：电子工业出版社，2016.

战略导向的指引者

家族作为企业控股股东的责任是：树立愿景与目标，为企业运营提供整体框架。与非家族企业不同的是，家族股东所信奉的价值观和愿景是家族企业战略决策的逻辑起点。家族价值观是家族为企业成功该做出何种贡献的共同理解，是家族愿景、决策以及企业文化的基础。家族价值观也是企业和家族的有力纽带。尤其在变革和动荡时期，价值观发挥着家族企业走向的"指南针"作用。

国际元立集团于1939年创立于新加坡，由"陈财发农场"发展演变而来，目前已经成为营收百亿的多元化跨国企业集团。创始人陈亚财老先生终生践行的核心价值观是维护家族的完整与团结，这也是陈氏家族文化的基因。

家族第二代陈逢坤先生接班之后，陈家庄的养猪规模达到5万头，成为新加坡的"猪王"。但1984年新加坡政府宣布淘汰养猪业，给家族企业带来致命打击。陈亚财有10个儿子，除陈逢坤大学毕业之外，其他兄弟文化程度都不高。他们除了养猪之外，缺乏其他的谋生技能。在政府宣布取缔养猪业的危急关头，有兄弟求助无门便产生分家的念头，使陈家庄顿时濒临分崩离析。割舍不下手足之情的陈逢坤心酸难耐，更担心缺乏知识和技术的家人在分家之后无法适应复杂的现代社会。深受父亲价值观影响的陈逢坤决定，无论如何自己都得撑起整个家族。

他先是主动出击尝试新销售模式，从原先的生猪批发商转变为兼营屠宰和零售商的角色，以赚取更合理的利润。在百货集团"英保良"租借超市摊位卖猪肉之后，陈逢坤积累了半年的超市经营经验，他决定向自营超市转型。一来可以节省一大笔给"英保良"的佣金，二来自营超市可以为兄姊与其他家族成员创造就业机会和各展所长的空间。例如，老七陈逢清后来接下了卖鱼事务，堂兄陈逢秋负责干粮的采购和管理，第三代的陈永辉专责买菜，等等。尽管对超市业务完全外行，但肩上扛着家族的沉重责任、心头怀着远大使命感的陈逢坤凭借勤奋工作、不怕困难的干劲创立了百美连锁超市，百美超市后来成为新加坡第四大超市。[3]

控股股东对企业和家族的共同愿景是制定决策的主要标准。一般来说，家族企业愿景由两个相互关联的部分组成：一部分是企业在未来 10 年的状态，比如家族希望企业具备怎样的影响力、规模、声誉、市场、财务结构、员工人数和利润？另一部分是明确理解家族如何为企业的成功做出贡献，如何从企业的成功中获益。在不同的家族企业愿景影响下，家族参与规划和企业战略规划会有不同。家族参与规划是让家族成员充分准备，选择以何种身份（高层管理人员、股东或董事）参与企业治理机构或家族治理机构的活动。这往往意味着协助家族成员开发新的技能和知识，创建更加有效的人际关系。

2012 年 8 月 25 日，70 岁的美的集团创始人何享健宣布"退位"，45 岁的方洪波接棒成为美的集团董事长。在何享健将管理大权交给以方洪波为首的职业经理人团队的同时，他 45 岁的独子何剑锋也首次进入美的集团董事会。这种传承安排源自何老先生长久以来对于家族和谐与企业成功的双层规划。

时间回到20世纪90年代初。当时顺德的容声、格兰仕、万家乐如日中天，家电制造行业竞争异常激烈。1996年美的空调的销售排名跌至行业第七。除了空调以外，美的集团还有风扇、电饭煲等四大类产品线，共计数百种产品。这些生产线的经营全部由公司集中决策，何享健既抓销售又管生产，明显感到力不从心。在内外部环境的驱使下，何享健决定放权事业部，培养经理人团队。

在企业治理规划上，何享健的目标是：通过他的逐步退出，完成美的集团决策层、管理层的"新老交替"，推动美的集团整体上市，实现何氏家族利益最大化。为此，在管理层面，何老先生引入职业经理人制度；集团总部向财务、预算、投资、人事任免的战略管控模式转型；事业部在决策上高度自治，事业部总经理可以自己组建经营团队，并拥有数千万元的资金审批权。在公司决策层面，美的集团成立了全新的董事会和审计监察委员会，并不断完善董事会的监督和咨询功能。这样便形成了股东、董事会、经营团队"三权分立"的经营管理模式。成功引入事业部制之后，何氏家族从2006年起，先后8次通过协议受让或在二级市场增持美的股票，巩固第一大股东的地位。

在家族治理规划上，为了减少内部人控制的刻板印象，何享健将包括太太梁凤钗在内的数十位不符合企业发展要求的老家族员工劝退。而唯一的儿子何剑峰，除了仅在美的集团董事会担任董事之外，则以盈峰投资控股集团有限公司为平台，专注于家族投资，承担了家族控股公司和家族办公室管理者角色。

何氏家族通过家族与企业的双层规划较好地渡过了代际传承这道"坎"。据奥维云网公布的数据，2020年美的空调彻底领先格力，夺取了空调市场霸主宝座。[4] 目前，美的集团总市值已超5000亿元。在2020年福布斯全球亿万富豪榜中，78岁的何享健家族以216亿美元排名中国富豪榜第四名。[5]

企业系统的治理者角色

家族所有者要确保家族和管理层在决策和责任中携手合作。与非家族企业的控股股东一样，家族企业所有者的职责之一是建立合适的董事选聘流程，使得这些董事能够帮助家族所有者实现自己的目标；职责之二是界定企业所有者、董事会与管理层之间的关系，包括管理层和董事会之间的互动、各自的职责和权利、利益冲突问题、股东关系维护、遗产规划、股票赎回、股息和慈善捐赠等，并就以上重要问题制定政策。其中有一些政策是针对所有者特有的政策，比如股东关系维护政策；而其他政策可能会和家族治理的相关政策重合，比如遗产规划政策等。

如何成为一名负责任的家族股东

要履行好所有者职责并非一蹴而就，而是需要一个持续的学习过程。无论下一代家族成员将来是否在家族企业里就职，培养合格、负责任的所有者都是非常重要的。学者们认为，要让家族成员成为高效的所有者需要满足两个条件：第一，家族有详细的所有权规划；第二，潜在的家族股东承诺并不遗余力地投入相应的学习中。

然而，现实中有些企业家忙于生意、无暇顾及孩子的教育，需要孩子接班的时候却措手不及；倘若缺乏准备的家族二代上台之后又不愿履行合格所有者的职责，就会将家族企业置于危险境地。海鑫集团就是一个典型案例。

2003年1月22日，山西最大的民营企业海鑫钢铁集团董事长李海仓在办公室被人枪杀。枪杀案发生时李海仓48岁，正值盛年，他从未想过会发生意外，也就没有留下任何遗嘱。按照《继承法》的规定，李海仓持有的海鑫钢铁90%以上的股权由其父母、妻子、儿子李兆会和女儿李兆霞共同继承，每人各得五分之一。而关于家族企业接班人的人选，李海仓的父亲李春元亲自主持了推选会议，并基于情与法的考虑决定让李海仓的儿子李兆会继任。28天后，没有任何工作经历，不满22岁的李兆会被迫中断在国外的学业，回国接管了资产规模逾40亿元、员工近万人的海鑫集团。

接班初期，李兆会全身心投入工作之中。上任后玩命地学习钢铁行业知识，很快弄懂了企业内部的运营，并了解董事长的角色。李兆会上任的第一年正值"非典"疫情流行，煤价高涨，用电受到限制，运输也非常紧张。为了解决这些问题，他好几个月都处于连轴转的状态，经常要出差，回来后还要没完没了地部署工作。那段时间，他带领核心团队熬夜工作，经常到凌晨三四点钟，而第二天照常工作。同时，他还成立了人力资源部，开始刻意吸收家族外的人才。由于工作勤奋，措施适当，再加上钢铁价格上涨，海鑫钢铁在李兆会掌舵的头两年发展得不错。2003 年，海鑫钢铁的资产总值达到 50 多亿元，上缴利税超过 10 亿元，是历史上发展最快和最好的一年。2004 年，海鑫钢铁的资产总值更是达到 70 多亿元，上缴利税 12 亿元，还成为当年度中国民企中的"第一纳税大户"。

凭借这番亮丽的业绩，上任仅一年的李兆会就稳住了局面，赢得各方夸赞，而之后他便开始模仿一个"少主"的样子打造自己的王朝了。他先是将创业元老、海鑫集团副董事长兼党委书记辛存海调离权力核心；后来，五叔李天虎（总经理）也被巧妙地"赶走"。李兆会请来了与自己关系最近的六叔李文杰，此后很长时间内李文杰都是海鑫钢铁的实际掌舵人。2009 年之后，李文杰逐渐从海鑫的管理层消失，取而代之的是李兆会的妹妹李兆霞。但随着李兆霞在上海结婚生子，她回公司的时间很少，只在出现重大问题时才会露面。

而常驻在北京的董事长李兆会则醉心于投资业务。他投入在钢铁业务上的精力越来越少，甚至很少在海鑫集团出现。尽管海鑫的钢铁生意日渐没落，但在投资圈李兆会却"玩"得风生水起。2004 年李兆会以海鑫实业名义，以每股 3.7 元，共 5.9 亿元接手民生银行 1.6 亿股，成为民生银行的第十大股东，这也是李兆会迄今为止最成功的投资。海鑫实业在 2007 上半年的牛市高点，抛售了手中民生银行近 1 亿股，套现超过 10 亿元。李兆会还入股过兴业银行、中国铝业、鲁能泰山、光大银行、山西证券等，但大多是快进快出，均无亮丽成绩。

在资本市场频频大手笔出手的同时，李兆会还尝试多元化投资。2009 年他先后斥资上亿元在北京、青岛建设了两家"儿童体验城"。如果不是迫于破产逼境，按照他的先前规划，还将布局成都、上海、天津等各大城市；另外，他还打算在动漫、玩具以及儿童医药、服装、教育等相关行业领域拓展。这些投资同样占用了海鑫钢铁大量的资金流，也为未来的破产危机埋下隐患。

2014 年起，受金融危机和产能过剩冲击，加之内部管理问题，海鑫集团陷入危机直到破产重整，而李兆会也不断地成为失信被执行人，截至 2019 年 8 月，李兆会被上海、浙江、北京、山西等地法院列入失信被执行人，共达十次且已被限

制出境。[6-7]

海鑫集团破产的因素比较复杂。钢铁行业处境恶化、银行抽贷加速资金链条断裂是外部因素，但家族企业内部治理不善还是根本原因。

首先，家族企业创始人缺乏培养合格所有者的详细规划。尽管和很多企业家一样，李海仓为下一代提供了优良的教育资源，但仅此是不够的，树立下一代成员的价值观、道德观和职业观才是培养负责任的所有者和未来领导者的黏合剂。有些成功的企业家很重视后代的价值观教育就是这个道理。华茂集团的创始人徐万茂曾说："我在家里从来不讲今年赚了多少钱，利润有多少；在家里我就是讲教育，讲做人的责任感，形成好的家庭文化氛围。"徐万茂尤其重视培养下一代的独立精神和创新能力。他经常给第三代强调，别想从父母那得到任何物质的东西，简单来说就是别想当"富三代"，但社会责任感要从小养成。[8]李锦记第三代掌门人李文达先生会刻意带子女们去参加丧礼。第四代李惠森在《自动波领导模式》一书的开篇就提到，小时候父亲经常带他去参加别人的丧礼，当司仪念出这个人生前所做的有意义的事情时，就好像人生的一张成绩单。"参加丧礼，对我的影响很大，它让我常常思考我的一生能给他人，给这个社会留下什么。"[9]

除了价值观培育之外，有些企业家还认为：孩子们应从小就接触家族生意，经商的能力要耳濡目染，"真枪实弹"从娃娃抓起。

香港新鸿基集团的老板郭得胜，当年最喜欢带着 3 个儿子去喝早茶。虽然当时儿子们只有十来岁，不过郭得胜一边喝茶就一边教儿子生意上的事情。无独有偶，李泽钜和李泽楷八九岁起，就会被李嘉诚安排在会议室旁听董事会，从小看着"神仙打架"，可以学到许多普通人接触不到的东西。然而，这样的机会不是人人都有，也不是每个企业家都能意识到这样做的重要性。

如果家族没有相关的培养规划，那么家族二代就需要自己承担这部分责任。从现有资料来看，李兆会在接班初期还是非常努力且勇于承担责任的，但后来他逐渐倾心于金融投资，在钢铁主业上投入的精力越来越少，离一个合格的、负责任的所有者标准也越来越远。现有文献指出，负责任的所有者通常有以下三种关键行为：（1）提供"耐心资本"。即所有者倾向于将他们在企业中的投资保持尽可能长的时间，不随意抽离运营资本用于投机、为改善资本结构延迟分红等。（2）专业化转型行动。尊重家族企业中的管理构架，与管理层讨论长期目标，明确当前和未来的投资意图，并注意不干涉公司内部事务（除非这是正式职责的一部分）。（3）主动为家族企业工作。为了家族企业的成功，努力建立良好的社会关系网络，监督管理层的工作。

对照来看，李兆会作为家族控股股东缺乏"耐心资本"。虽然执掌海鑫集团却远离钢铁主业，频频活跃于资本市场。进行资本运作需要大量资金，加上在动漫、玩具以及儿童医药、服装、教育等多元化业务同样占用了海鑫钢铁大量的现金流。作为主业的钢铁非但没有获得控股家族的持续投入，反而需要不断为金融投资和其他多元化经营"输血"；当资本市场获益乏力，多元化布局又难见成效时，主业不可避免地被拖累，最终造成海鑫钢铁连年亏损、实业中可用作担保抵押的标的物不断减少，银行断贷便成为"压倒骆驼的最后一根稻草"。

当然，不喜欢主业并不意味着就不能做一个负责任的所有者。美的集团何氏家族二代何剑峰也青睐于投资，对家电制造业的兴趣不大。但何氏家族不同的地方在于，他们精心挑选了一个职业经理人团队来接班，实现了家族企业的现代转型；何剑锋则作为大股东代表进入美的集团董事会，行使所有者的相关职能。反观海鑫集团，李兆会转向投资时也曾让自己最信任的六叔李天杰掌舵海鑫钢铁，但 2009 年后李天杰逐渐淡出管理层。有消息称，两人因为发展重心的问题闹僵，心灰意冷的李天杰最终选择离开，李兆会的妹妹李兆霞接替了六叔李天杰。刚开始李兆霞也经常待在海鑫，负责海鑫的财务工作，但她结婚后常年待在上海。随着海鑫集团的核心管理层李文杰、李兆霞相继撤离，李兆会又以北京为主要据点，曾经盛极一时的海鑫集团在山西闻喜的总部实际上已经变成了一个"空巢"。[10] 董事长不关心企业，对高管层的工作听之任之，让这个原本辉煌的企业错失无数机会，最后逐渐陷入绝境。

综上所述，培育负责任的家族股东是家族企业所有权治理中不容忽视的问题。表 3-2 是为创一代和二代企业家分别开出的培育负责任家族股东的做法参考清单。

表3-2 培育负责任家族股东的做法参考清单

培育下一代所有者的注意事项：
- 成为一位优秀的所有者，为其他家族成员树立榜样
- 将重点放在树立孩子优秀的价值观、道德观与职业观上
- 向未来股东传达和灌输管家精神
- 从孩子抓起
- 重视非正式方式在传递所有者知识过程中的作用
- 不要对孩子隐瞒任何消息，并抓住这些机会帮助孩子更好地了解企业
- 通过家族会议、财务报告、下一代聚会、辅导课程、企业期刊、CEO信函、年度股东会议记录等工具教育年轻的家族成员

企业所有者的自我教育事项：
- 了解如何解读三大财务报表，以及检测企业进展的衡量标准
- 了解家族企业及其所在行业的基本情况
- 了解家族价值观以及这些价值和企业之间的关系
- 了解家族的目标以及评估目标进展情况的相关工具
- 了解企业文化以及思考所有者在这方面能做出什么贡献
- 了解战略的概念及本公司的战略
- 权衡企业增长、分红与流动性目标
- 了解管理层所面临的挑战及身为董事或经理需应付的困难
- 了解家族企业治理的原则
- 了解作为所有者的合法权利与义务
- 了解所从事行业的企业薪酬情况

- 通过阅读获得商业知识及拓宽知识面
- 参加股东会议和家族会议
- 主动参与家族的各项活动
- 参加研讨会和相关的教育培训课程

资料来源：阿伦诺夫，等. 家族企业所有权——如何成为合格的股东 [M]. 胡弯，马俊龙，译. 北京：电子工业出版社，2016.

第三节　董事会的角色与职责

根据我国《公司法》第 50 条规定，除非股东人数较少或规模较小的有限责任公司之外，其他有限责任公司和股份有限公司必须设置董事会。董事会是股东大会的代理机构。一般来说，所有权与管理权两权分离的程度越大，股东大会除了保留剩余索取权、剩余控制权以及少数几项最终决策权之外，会把更多权力授予公司董事会行使，导致董事会在公司治理结构中处于越来越重要的地位。美国洛约拉大学家族企业中心（Family Business Center of Loyola University）专门制订了一份家族企业董事会指南。该指南明确了家族企业董事会的角色与职责，有助于提升董事会的责任感并提高公司绩效。[11]

董事会应具备相应的结构和能力来承担责任

家族企业发展的不同阶段对董事会结构的需求是不同的。在兄弟姐妹合伙阶段或堂 / 表兄弟姐妹联盟阶段，如果董事会席位仍全部由家族成员占据的话，可能会带来以下隐患：第一，导致家族与企业两个系统的界限模糊，两者之间的防火墙难以建立起来。"防火墙"缺失的后果是，任何一个系统出现矛盾冲突都会不可避免地传导给另一个系统，给家族企业造成无法逆转的伤害。比如，香港镛记酒家的创始人去世之后，董事会成员仅剩长子甘健成和次子甘琨礼。兄弟俩在公司发展战略上的分歧无法调和，双方都寄希望于争夺更多的股权来实现自己的主张。由于公司尚未上市，股权流转只能通过家族内部流转来实现。在缺乏外部董事（管理顾问）调解或家族"首席情感官"沟通的条件下，家族成员不自觉地"选边站队"——弟弟甘琨岐和妹妹甘美玲把自己股份卖给了甘琨礼；而甘健成则取得了母亲的股份；这样，两兄弟作为公司董事之间的矛盾最终演变为家族系统的内部分裂。第二，并非所有的家族成员都具备治理企业的资质和能力。将所有的董事席位控制在家族内部的话，不利于改善董事会的能力结构，进而影响董事会的决策质量。因此，家族企业很有必要引入非家族董事进入董事会，改善董事会的结构。

非家族董事　非家族董事包括内部管理董事与外部董事。有些家族企业会邀请非家族 CEO 进入董事会，这种参与企业实际管理活动的董事被称为内部管理董事。外部董事有独立董事和非执行董事两种。《关于在上市公司建立独立董事制度的指导意见》中指出："上市公司独立董事是指不在公司担任除董事外的其他职务，并与其所受聘的公司及其主要股东不存在可能妨碍其进行独立客观判断的关系的董事。"非执行董事也是外部董事，不在公司管理层任职，不能是与公司业务有竞争关系企业的高级管理人员。非执行董事和独立董事的差别在两个地方：（1）是否具有独立性。独立董事是独立的非执行董事，但是非执行董事可能独立也可能不独立。（2）能否持有公司股权。独立董事不能持有公司股份，但非执行董事可以。[①]一般而言，家族企业外部董事应具备以下素质和能力。

（1）独立性。在人格、经济利益、产生程序、行权等方面独立，不受控股股东和公司管理层的限制；不能是为家族企业或其附属企业提供财务、法律、咨询等服务的人员；不能在与家族企业或其附属企业具有重大业务往来的单位担任高管，或者在该业务往来单位的控股股东单位担任高管。

（2）专业性。必须具备一定的专业素质和能力。比如行业专家、财务专家、技术专家、营销专家，以及具有运营经历、政府规制经历的专业人士；控股家族可以有针对性地选择在背景、专业和经验上与家族成员互补的外部董事；还可以结合家族企业不同阶段的需求匹配董事人选，例如，当家族企业需要政策扶持时，可以聘请具有从政经历、律师背景的人担任独立董事，以便企业审时度势，有效利用政策环境。

（3）职业精神。对家族企业信息有保密和诚实的义务；投入时间和精力在家族企业及其相关行业背景的研究中，确保控股家族及时掌握全面信息；敢于向董事会提出真知灼见或者探索性问题，促使家族做正确的事情。

---

① 目前中国A股上市公司尚无非执行董事职位的设置，只有独立董事职位。

（4）沟通能力。董事会成员要耐心地、持续地倾听家族的声音，尤其要关注家族内部多方面的顾虑与担心，家族希望以什么形式管理企业以及这样做的目的；在与家族沟通的过程中做到清楚明白、尽心尽力；外部董事在提出建议时应该真诚坦率，但要注意辅之以合适的方式，毕竟很多意见会涉及家庭内部关系和利益；要清楚什么时候提出问题，怎么提出问题，以及如何巧妙地利用正式、非正式的场合和沟通手段，向家族企业领导人提供可以被接受的建议。

（5）同理心。外部董事要设身处地理解家族的感受，能够换位思考，并且以对方适应的方式沟通。家族企业的特殊性对董事会成员的同理心和情商有着较高的要求。

家族董事　家族企业与那些只追求短期效益公司的明显区别是长期导向，[12] 即创始人往往希望能够将长期价值视野传承给下一代。家族董事占据董事会大多数席位就是途径之一。家族董事的产生需要大股东提名，然后董事会对候选人进行挑选、面试和评估，确保新任免的董事能够为公司和董事会带来价值。

选择家族董事的最重要原则是，候选人必须有足够知识或经验来引领企业向目标前进。严格意义上讲，董事会存在的意义是高瞻远瞩、能分清主次问题，并有能力推动目标的实现。因此，董事们应该具备一定的概念与决策能力，但不必强求进入董事会的家族成员一定要参与企业管理，毕竟家族企业董事和管理者是完全不同的角色。

在实践中，如果家族多个成员具备董事的任职资格且都有任职意愿，但留给家族的董事席位有限该怎么办呢？这个难题在堂兄弟姐妹合作阶段以及上市后的家族企业里经常会碰到。目前有两种做法可供参考：其一，从每个家族分支中选择一个代表担任董事。家族各分支占据均等的董事会席位可以保障各自的利益，但也可能导致家族不同分支的力量抗衡。其二，将家族视为一个整体，从中选择有能力的合适人选，而不是硬性规定每个家族分支必须选举或者只能选举一位家族成员担任董事。这种做法的代表性案例是掌控《纽约时报》的苏兹贝格家族。

《纽约时报》的控股家族发展到第四代时，就面临家族成员如何继任董事会席位的问题。第三代家族领导人潘趣和三个姐姐最初的想法是，他们退休后从各自的孩子中挑选出一位继任者。但是几乎每个第四代家族直系血亲都希望在他们的父母退休后进入董事会，进而导致家族内部就如何分派这些席位而争论不休。因此，自1992年秋开始苏兹贝格家族召开了系列会议，召集了第三代的四个兄妹和第四代所有13个表亲及其配偶和成年孩子，公开讨论由谁来主持董事会以及下一代中应该有多少人进入董事会的问题。

会议上，家族企业顾问提出"你们是代表一个家庭还是四个家庭？"这引起了家族成员们的反思。他们意识到，最初的想法只会让家族成员更可能在未来按照不同家族分支的方式处理问题。1994 年 5 月，潘趣发表演说表达了立场：在讨论家族成员是否应该继续担任公司高级执行官或董事的时候，"一个家庭"抑或"四个家庭"的问题将是讨论的核心。为了不影响孩子和孙辈们的思路，第三代家族成员不出席具体讨论环节。

1995 年初，潘趣和姐姐们收到了来自家族第四、五代的建议书。在建议书中，他们明确表达了愿望：他们是一个家族的成员，而非分别隶属于四个"支系"。为了表明态度，他们首先将四份独立的信托基金（占控制 B 股的 85%）合并成一个，这样第四代家族成员及其后代所占的股份就相等了。由于第三代成员拥有子女的数量不同，这种安排需要朱迪的两个儿子丹和杰斯做出很大牺牲——在信托基金合并之前他们各自可以享受 1/8 的 B 股股份，合并后他们所占的 B 股股份只有 1/13（见图 3-2、图 3-3）。

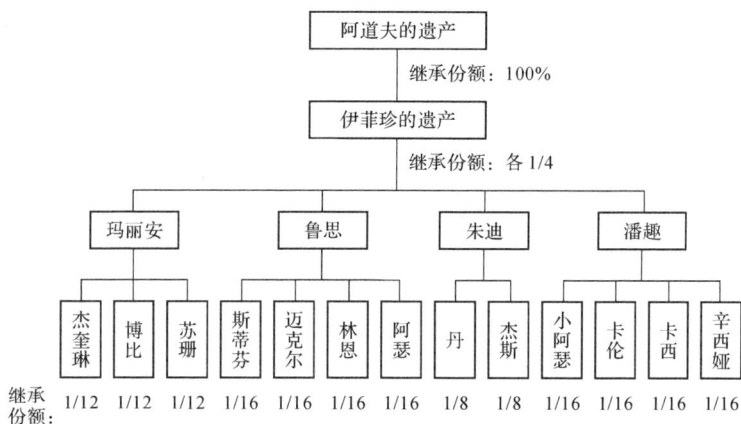

图 3-2 信托基金合并前苏兹贝格第四代家族成员的持股比例

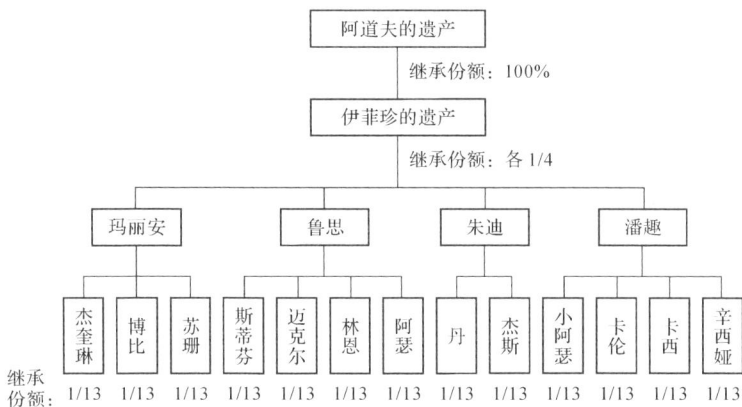

图 3-3　信托基金合并后苏兹贝格第四代家族成员的持股比例

　　随后，苏兹贝格第三代家族成员放弃了从每个家族分支挑选一个孩子继任自己董事席位的方案。他们对董事会进行了重组，削弱对家族中不同支系的强调，而是关注那些能将所有家族成员团结在一起的共同目标。

　　1997 年，迈克尔（鲁思的儿子）被任命为高级副总和董事会副主席，成为公司董事。丹（朱迪的儿子）和卡西（潘趣的继女）从董事竞选中胜出，与很早加入董事会的迈克尔合作。1997 年 10 月，小阿瑟（潘趣的儿子）成为公司董事会主席。[13] 在这之后，苏兹贝格家族就确立了在全家族范围内挑选家族董事的规则。比如，2006 年《纽约时报》的 9 位董事会候选人中，家族董事占了 4 席，除了迈克尔、小阿瑟和卡西继续留任之外，鲁思的女儿林恩替代了丹。[14]

家族董事的挑选是家族系统与所有权系统的重叠区域。建议控股家族在涉及家族董事会成员问题时，最好创立一套正规的章程并贯彻下去，这对董事会乃至企业的成功运作都至关重要。对于那些落选董事会的家族成员，可以通过家族委员会、家族基金会和家族办公室等向他们提供参与家族事务的机会，以减轻家族成员的得失感。

董事会必须对股东负责

控股家族可以通过向董事会推荐董事来维护自己的权益，但是不得损害少数股东。一个有效的提名委员会以及董事会的审查程序协同工作，有助于保护所有股东的利益。有的家族也会通过董事会或董事长的选举方式、继任规划、遗产规划和争议解决机制等股东协议条款影响董事会构成。比如李锦记的家族宪法就规定：集团董事长必须是家族成员；董事局一定要有非家族人士担任独立董事。

对于股权高度集中的非上市家族企业或是家族能够控股的上市公司，让董事会对股东负责是容易做到的一件事情。但在家族相对控股的上市公司里，让董事会对股东负责就面临挑战了。国美集团的控制权之争就暴露出家族股东与董事会之间的委托代理问题。

国美的控制权之争长达数年。在这个案例中，以陈晓为首的董事会不但没有和大股东黄光裕保持目标一致，反而走到了其对立面。这与黄光裕早期设立的公司治理结构有密切关系。在国美上市之初，黄光裕掌握着国美 75.67% 的绝对控股权。为了增加董事会权力以掌握对公司日常经营事务的实际话语权，他于 2006 年 5 月的股东大会上对公司章程做出修改，赋予了董事会更多的自主权。比如，无须股东大会批准，董事会可以调整董事会结构（随时任免、增减董事，且不受人数限制）；董事会还获得了大幅度扩大股本的"一般授权"，包括供股（老股东同比例认购）、定向增发（向特定股东发行新股）以及对管理层、员工实施各种期权、股权激励等；董事会还可以订立各种与董事会成员"有重大利益相关"的合同。

黄光裕之所以这么做，是因为当时他本人担任董事会主席，修改公司章程后就可以凭借对董事会的控制，以其较少股权获得更多的控制权收益。在扩大了董事会权力后，黄光裕开始大幅减持套现。2006 年 7 月黄光裕的持股比例下降至 51.18%；在随后的两年时间里，通过出售股份等举措，黄光裕持股比例进一步下降至 35.55%，由绝对控股地位变为相对控股。不幸的是，2009 年 1 月 18 日，因操纵股价被调查的黄光裕宣布辞职，陈晓正式接任董事局主席，继承了黄光裕被迫交出的一切权力。在陈晓控制下的国美董事会逐步演变为被外界戏称的"妖魔化的董事会"。[15]

在黄光裕家族多人被调查甚至入狱后，陈晓为了应对当时国美的债务危机引入了贝恩资本，使得黄光裕的股权被稀释至32.47%。而且，在对董事会的充分授权后，股东大会形同虚设，无法通过股东大会决议对董事会进行制衡。比如"股东大会授权公司董事会有权在不经股东大会同意的情况下，任命公司非执行董事，直至下一届股东大会投票表决"。这条规定成了以陈晓为首的国美董事会否决股东大会决议、重新委任贝恩投资董事总经理竺稼等3名董事进入董事会的依据。董事会推翻股东大会的决议，这一明显违背公司治理常识但并不违反国美公司章程的事件，使得国美内部大股东与董事会的矛盾第一次被公之于众。此后事件逐步升级，双方都难以控制事态的发展。直至2008年8月4日黄光裕方提出召开股东大会，要求"罢黜"陈晓、改组董事会；陈晓方面也不甘示弱展开了一系列的反制行动，双方矛盾逐步激化。

2010年10月1日，黄光裕的夫人杜鹃与贝恩资本的竺稼在北京谈判。黄氏家族凭借手里578家非上市门店的"砝码"才使得贝恩态度转变，国美内战走向和谈。2010年12月17日，国美在香港再次举行特别股东大会，委任邹晓春（黄光裕控股的鹏润集团律师）为执行董事，黄燕虹（黄光裕的小妹妹）为非执行董事。自此，大股东黄光裕的代表才重新出现在董事会。另外的11位董事，除了3位独立董事［史习平、陈玉生、曼宁（Thomas Joseph Manning）］之外，陈晓、王俊洲、魏秋立、孙一丁是国美管理层团队成员，竺稼、雷彦（Ian

Andrew Reynolds）和王励弘则是贝恩资本的代表。

有人不免质疑，在董事会人员安排上，黄光裕又是如何被边缘化的呢？在黄光裕出事之前，也许是家族兄妹之间合作得并不愉快，黄光裕并没有在董事会中任命家族董事。据报道，黄光裕是和哥哥黄俊钦一起创业的。后来兄弟分家，黄俊钦投身房地产，黄光裕则成了国美的掌舵人。小妹妹黄燕虹的丈夫张志铭曾是黄光裕的得力干将，在国美是仅次于黄光裕的"二号人物"，两夫妻却在 2005 年离开国美；仅有从小就跟随黄光裕出来打拼的大妹妹黄秀虹一直在国美效力。黄光裕出事之后，黄秀虹于 2009 年 2 月曾任国美电器执行委员会委员（不能直接参与决策），也没能进入决策委员会和董事会。2009 年 8 月，国美电器宣布原"决策委员会"改为"执行委员会"，成员仍为陈晓、王俊洲、魏秋立三人，而原"执行委员会"不再保留。这意味着在董事会已无代言人的黄氏家族中，唯一接近权力中心的黄秀虹至此也被彻底边缘化。与任命家族董事的态度相反，黄光裕当时任命了大量的亲信（也就是国美高管）作为董事，其好处是可以激励下属、提高团队凝聚力；但弊端是导致经理层和董事层高度重合，高管倒戈将直接导致董事会倒戈。董事会内部人员缺少相互制衡，使得黄光裕失去了对董事会的影响力。

继贝恩态度转变之后，经杜鹃的多方斡旋，2011 年 3 月陈晓、孙一丁二人被迫出局，辞任执行董事；由张大中（黄光裕的老朋友）替代陈晓接任国美主席并担任非执行董事职务。而同年 6 月，王俊洲、魏秋立退任执行董事，黄燕虹退任非执行董事；新增伍建华（黄光裕独资拥有的 Shinning Crown 的法人代表）担任执行董事；李港卫（安永华明会计师事务所合伙人）、吴伟雄（香港律师行及公证行姚黎李律师行合伙人）担任独立非执行董事。至此，国美董事会成员由 13 人变回 11 人，其中 7 人为"保黄派"，黄光裕重新夺回对董事会的控制权。

2013 年，伍建华过世，"黄光裕的王牌"邹晓春成为国美唯一的执行董事直至今日。值得注意的是，2015 年，贝恩资本以投资期届满为由撤资，完全退出国美电器。同年，竺稼和王励弘辞任非执行董事，张大中与新委任的黄秀虹、于星旺（国美控股集团玖号置业有限公司总裁）共同担任非执行董事，国美的董事与高管人员步入相对稳定阶段。2017 年国美董事及高管人员名单如表 3-3 所示。

表 3-3　2017 年国美董事及高管人员名单

职务	主席	执行董事	非执行董事	独立非执行董事	高管人员
姓名	张大中	邹晓春	黄秀虹、于星旺、张大中	李港卫、刘红宇、王高	王俊洲、魏秋立、方巍、李俊涛、何阳青、吕意凡、马海林

在这场控制权争夺之战中，黄光裕也关注到了股权的重要性。自 2015 年起，其持股量明显上升。从国美发布的公告

中可以看出，尚在狱中的黄光裕将 578 间"非上市门店"作价 90 亿元全部注入了国美电器，使其股权上升，截至 2017 年底已升至 50.26%（见图 3-4），重新夺回了绝对控股权。[16]

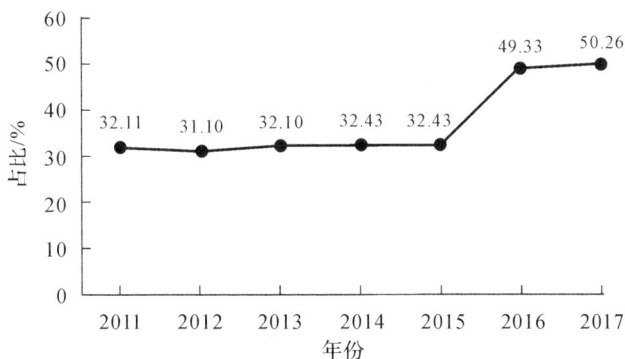

图 3-4　黄氏家族持股比例变化

资料来源：HKEX news、国美年报（2009—2011 年）等。

在国美控制权之争的前车之鉴中，有以下几个地方值得注意。

首先，董事会的构建和有效运作值得创业家族认真学习。董事会是股东大会的托管机构，扩大董事会权力一定要谨慎，其前提条件是能确保对董事会的控制。一般来说，通过控制董事会的多数席位可以确保对董事会决议的话语权，并据此掌握公司的重大战略决策方向。如果家族掌握了绝对控股权，可以通过股东大会来控制董事会，那么董事会席位占绝大多数的限制可以适当放松。如果股权分散时，采用董事会控制则是保障家族利益的重要方式。国美案例的惨痛教训就是，黄氏家族在股东大会和董事会中的控制权皆受到威胁与抗衡。

其次，董事会结构一定要能发挥监督治理功能。也就是说，可以选择 1~2 位高管进入董事会，但绝不能过多，否则董事会与管理层高度重合，难以解决两权分离家族企业的监管问题。再来看看美的集团。2020 年美的董事会人数共 8 人，独立董事有 3 名；在 5 名非独立董事中，有 3 名是美的集团的高管（方洪波总裁兼任董事长、殷必彤副总裁、顾炎民副总裁）；大股东代表有何剑锋和于刚（1 号店荣誉董事长及联合创始人，现任 111 集团董事局主席及联合创始人）。从结构上来看，这个 3:3:2 的董事会结构能够代表足够的声音、观点以及经验的多样性。那么，它是否可以确保董事会对控股家族负责呢？（1）美的集团股东大会牢牢地掌握了公司的重大权力，股东大会有权决定公司的经营方针和投资计划，有权选举和更换非职工代表担任的董事、监事，审议股权激励计划等。这是美的董事会向大股东负责的制度保证。（2）何氏家族派驻了一名家族董事进入董事会，且来自外部的非独立董事也与控股家族有密切关系，这是维护控股家族利益的第二重保险。（3）在公司正常运营的情况下，由创始人何享健一手栽培和提拔起来的 3 位职业经理人也会尽责。不过，何氏家族控股美的集团的比例为 31.11% 左右，[17] 股权集中度与国美控制权之争爆发之前非常类似。好在美的集团在前两点上规避了国美操作上的误区，因而面临的董事会相关风险较低。

最后，为了保护中小股东的利益，还有必要完善公司内部监管机制。

董事会必须让管理层对自己的行为负责

董事会是公司高管层的监督机构，担负着授权管理层执行公司战略和评估高管业绩的职能。管理层应对持续、全面执行董事会批准的计划负责。具体来说，董事会的监督治理职能主要包括：

（1）物色和遴选 CEO，并帮助 CEO 组建高效的高管团队；

（2）监督评估高管层的业绩并为他们提供持续的反馈；

（3）在业绩不佳时向管理层提供建议与顾问意见；

（4）协助控股家族培养继任者候选人，并为他们的成长出谋划策；

（5）规范并完善公司的治理结构。

在发挥监督控制职能的同时，董事会还应通过薪酬等激励手段让管理层对自己的行为负责。薪酬激励的原则有三个：一是薪酬制度的设计必须与家族企业的价值观和愿景保持一致。二是将高管薪酬与企业年度绩效、长期财务业绩以及非财务业绩联系起来。董事会薪酬委员会应该每年对高管薪酬进行审查，以保持问责氛围。三是处理好家族高管与非家族高管的薪酬公平问题，在家族企业内部营造信任和透明的氛围。建议家族企业发展自己的薪酬理念，并制定书面的薪酬政策，以确保家族的价值观和愿景与企业的运营方式保持一致。

第四节　董事会与家族如何通力合作

　　董事会是所有权系统的重要治理机构，家族委员会是家族系统的治理机构，两者负有不同的使命和职责。但是家族系统和所有权系统之间存在重叠部分，因此，董事会和家族委员会常常需要分享信息或协调行动。它们可以简单地为彼此提供咨询意见；或在棘手情况下，邀请对方共同参与决策，以确保家族和企业彼此互补。两者的合作包括以下四个方面。

　　分享信息　董事会要与家族保持良好沟通，关注家族共识对企业问题的正面影响，为家族提供重要信息和新观点。家族企业领导者也需要以一种非常积极的方式保持对董事会成员的透明，与董事会成员分享有关家族的重要信息，并保证对方对此充分了解。

　　教育家族　通过会议等形式教育和辅导家族企业领导者，提升他们在相关领域的知识和能力；为家族下一代成员进入企业做好准备，帮助他们了解公司、熟悉业务、掌握公司运营所需的技能；为家族高管指派资深的外部董事担任其教练或导师，并对其业绩与个人发展提供客观反馈；为绩效不佳的家族高管制订改进计划；

对于无法改善的家族高管，为他们提供在企业中的其他机会或退出的途径。

提供协助　鼓励家族勇敢面对并处理未来所有权和遗产计划；协助家族领导者制订家族人才计划；聘请外部顾问帮助制订家族高管的薪酬水平，并为此提供客观数据支持；此外，董事会在家族危机四伏时是家族的稳定因素。比如，备受尊重的外部董事可以充当调停者和"润滑剂"，谨慎地推动家族冲突的解决；当家族掌门人突发变故、继任者尚未做好准备时，董事是家族的顾问，避免后者在未经精心规划的情况下仓促采取行动。

监督执纪　董事会需要监督家族的参与政策。比如，家族委员会通常要制定家族雇佣政策，董事会应该确保这些政策得到切实遵守，并权衡那些可能不利于企业或家族的政策。对于家族决定动用企业资金来资助家族成员的创业行为，董事会需要确定相应的利率、贷款期限以及董事会能够接受的风险程度。

合作的组织架构

每个家族企业必须就董事会和家族委员会之间的关系达成共识，但是企业家族对此的设计大相径庭。有些家族将两者视为平等的实体；有些家族由家族委员会拥有最终决定权（见图 3-5）；而另一些家族则是遵从董事会的意见。李锦记集团采用的是第二种（见图 3-6），即家族委员会是凌驾于董事会之上的最重要的决策机构。李锦记董事会的主席是由家族委员会任命的，可以确保家族对董事会的控制权，有助于家族目标被董事会充分考虑。

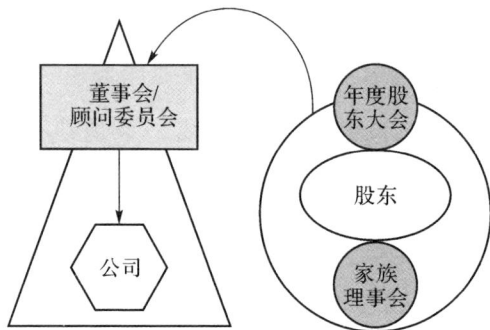

图 3-5　董事会与家族委员会的合作框架 [18]

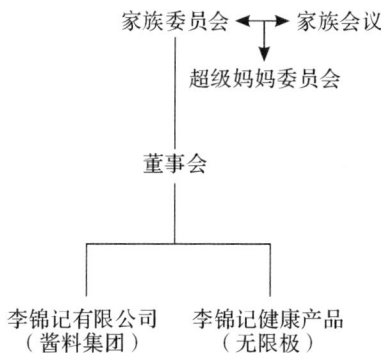

图 3-6　李锦记董事会与家族委员会的关系

在李锦记集团，董事会和家族委员会各司其职，又相互配合（见表 3-4）。比如，公司董事会主席的挑选、委任、权责和薪酬事项由家族委员会承担主要责任，但董事会需要为此承担促进责任；董事局构成、行政总裁挑选、财务监督、业务与社区关系、股息派发和管理层继任等是董事会的主要职责，家族委员会为此承担促进作用；公司慈善、雇佣家族成员、危机管理、业务策略、业务文化与伦理属于管理层的职责范围，家族委员会和董事会需要同时承担促进作用。

表3-4 李锦记集团的事务—角色关联

项目	家族委员会	公司董事会	管理层
所有权传承	主要责任		
家族价值观	主要责任		
家族内部沟通	主要责任		
家族教育	主要责任		
家族关系	主要责任		
协助家族成员	主要责任		
解决家族纠纷	主要责任		
家族慈善	主要责任		
家族文化	主要责任		
家族和业务关系	主要责任		
公司主席挑选、委任权责和薪酬	主要责任	促进责任	
董事局结构（附属公司）	促进责任	主要责任	
行政总裁挑选	促进责任	主要责任	
财务监管	促进责任	主要责任	主要责任
业务与社区关系	促进责任	主要责任	主要责任
股息派发	促进责任	主要责任	促进责任
管理层继承	促进责任	主要责任	促进责任
公司慈善	促进责任	促进责任	主要责任
雇佣家族成员	促进责任	促进责任	主要责任
危机管理	促进责任	促进责任	主要责任
业务策略	促进责任	促进责任	主要责任

续表

项目	家族委员会	公司董事会	管理层
业务文化	促进责任	促进责任	主要责任
业务伦理	促进责任	促进责任	主要责任
制定发展策略		促进责任	主要责任
执行发展策略		促进责任	主要责任
雇员关系		促进责任	主要责任
管理层承继（CEO之外）		促进责任	主要责任
管理层薪酬		促进责任	主要责任
高层管理聘用、解雇、退休		促进责任	主要责任
日常经营运作及管理		促进责任	主要责任

董事会与家族有效沟通的方式

董事会与家族进行沟通必须以共同目标为导向。对家族企业领导者来说，需要与董事会成员分享有关家族和企业的重要信息，并确保对方充分知晓并理解。如果董事会成员不了解决策的家庭和企业背景信息，他们就不能提供合理化的建议和指导，更不可能真正达成双方的目标一致。

为了达到良好的沟通效果，董事会和家族双方可以将正式沟通与非正式沟通结合起来。[19] 其中，正式沟通的途径或方式有以下几种：

（1）家族成员出任董事，在家族与董事会之间发挥联络作用。有的家族会按照轮选的方法指派 1~2 名家族成员，定期参加董事会会议；有些家族会指派一名外部人士担任董事会联络人。家族领导者会在每个季度一次的家族会议上与董事会的联络人或专业顾问碰面，听取后者对董事会行动的报告并就此展开讨论。

（2）联合会议。一些规模较小的家族会将家族成员和董事会聚在一起，频率一般是一年1~2次。以此为家族成员提供了观察董事、共同分享与讨论家族顾虑的机会；或者家族可以安排一些正式场合或年度活动，邀请所有董事会成员（现任和前任董事会成员）回到家族企业总部或其他指定地点，讨论家族企业的长期趋势和相关未来。

（3）治理委员会。一些规模较大的家族企业还设立了由部分家族成员和董事组成的治理委员会，讨论并协调家族与董事会有顾虑的问题。

（4）特别董事会会议。无论是推行新计划、发现新的重大问题或规划重要的战略转型，都建议整个董事会与控股家族股东会面。董事会定期向家族征求有关董事会议程的建议。

（5）书面交流。家族可以与董事会分享家族会议上的议程与会议记录；董事会每年向家族传递一份年度书面报告，包括有关股东之间权衡取舍的讨论，以此确保家族和企业互补。

除了正式沟通之外，家族企业领导者也可以安排与董事会成员进行非正式交流，这样往往能够加深双方对彼此的了解，同时也能够将一些重大问题讨论得更加透彻。与正式沟通不同，非正式沟通更让董事们放松，甚至成为董事会与家族互动的主要方式。

（1）午餐会或年度社交活动。董事可以利用午餐会、野餐或假日派对、炉边谈话等场合沟通。比如有的家族将家族会议和董事会会议安排在同一天，家族或股东在上午举行会议，和董事们共进午餐，而董事会则在下午召开会议。共进午餐能够在家族和企业治理活动的背景下制造互动机会。正式活动之外还可以安排一些纯粹的社交性宴会，董事会成员可以和更多的家族成员、企业高管举行非正式讨论和交流。

（2）董事担任家族高管的导师。一些家族会邀请信任的董事为家族提供资源，比如担任某一位继任者或者家族高管的导师。

（3）董事与家族股东的非正式会议。一些规模较大的家族企业会在常规董事会议之前或之后召开非正式的董事会议，与重要股东共同讨论企业问题。

（4）通过调研了解家族成员的担忧。一些规模较大的家族企业还会定期开展保密的调研活动，让家族成员提出存在的问题与顾虑。调研结果对董事了解股东意图与需求很有帮助，同时对家族领导者也很有意义。

第五节 小 结

1. 所有权治理问题的出现，源自家族繁衍之后不断扩大的股东群体会产生目标分歧。不同的战略意图使家族股东们发出不同的声音。如果他们之间无法达成合理共识，很可能导致冲突。尤其当家族企业选择上市之后，外部投资者的进入会使所有者群体进一步分化，所有权结构更加复杂，相应的治理问题更加凸显。

2. 家族企业的公司治理是家族股东、董事会和管理层之间的一系列关系。家族股东、董事会和管理层有各自不同的角色和职责，他们在治理体系中存在相互依存的关系。家族股东与企业分享家族的价值观，并在董事会中派有代表；董事会是股东利益的看管人，董事会既要以股东财富最大化作为主要目标，同时要对职业经理人和家族经理人的绩效进行监督；管理层负责执行董事会决策，并处理公司的日常管理事务。负责任的控股家族需要与关键的职业经理人保持正式或非正式的沟通，确保双方的目标一致和紧密合作。

3. 家族作为控股股东的责任是树立愿景与目标，为企业运营提供整体框架。控股股东对企业和家族的共同愿景会影响家族参与规划和企业战略规划。

4. 要让家族成员成为高效的所有者需要满足两个条件：一是控股家族有详细的所有权规划；二是下一代的家族股东（无论他们未来是否在家族企业里工作）承诺并不遗余力地投入相应的学习中。

5. 随着家族企业进入兄弟姐妹合伙或堂/表兄弟姐妹联盟阶段，董事会中应逐步引入非家族董事。一来可以在家族系统与企业系统构建"防火墙"，二来可以改善董事会的知识结构和决策质量。在第一代或第二代所有者时期就引入外部董事，要比等到董事会被家族各个支系的代表挤满后进行重组简单得多。

6. 家族董事的选择通常有两种做法：一是从每个家族分支中选择一个代表担任董事。其好处是可以保障各家族分支的利益，但也可能导致家族内部的力量抗衡。二是将家族视为一个整体，从中选择有能力的合适人选，这种做法的前提是家族内部事先就董事选举原则达成一致意见。

7. 一些家族企业可能因为担心保密问题不愿意把自己暴露在外部董事面前。这样的话，家族可以邀请具备特定专业知识的个人担任董事会顾问，或者创建一个独立于董事会的咨询委员会。这些顾问没有投票权，可能只参加董事会的某些环节，但家族仍然可以利用他们的知识和经验。

8. 对于股权高度集中的非上市家族企业或是家族绝对控股的上市公司，让董事会对股东负责是容易做到的一件事情。但在家族相对控股的上市公司里，让董事会对股东负责就面临挑战了。因此，绝对控股权或者对董事会席位的控制是确保董事会与创业家族保持一致的关键。

9. 董事会和家族委员会常常需要分享信息或协调行动。他们可以简单地为彼此提供咨询意见；或在棘手情况下，邀请对方共同参与决策，以确保家族和企业彼此互补。

10. 为了达到良好的沟通效果，董事会和家族可以将正式沟通与非正式沟通结合起来。正式沟通包括：家族成员出任董事、联合会议、治理委员会、特别董事会会议以及书面交流等；非正式沟通包括：午餐会或年度社交活动、董事担任家族高管的导师、董事与家族股东的非正式会议以及通过调研了解家族成员的担忧等。非正式沟通方式让董事们更加放松，甚至成为董事会与家族互动的主要方式。

参考文献

[1] CADBURY A. Family Firms and Their Governance: Creating Tomorrow's Company from Today's[M]. London: Egon Zehnder International,2000.

[2] 班纳德森 . 英国家族是如何失去吉百利的 [J]. 家族企业，2016(8)：52–53.

[3] 李永乐 . 世纪陈家庄——从养猪户到营收百亿的企业家族传奇 [M]. 台北：商周出版社，2012.

[4] 姜戈 . 美的发布 2020 年度报告：营收 2842 亿元，家用空调线上份额全网第一 [EB/OL]. (2021–05–30)[2021–09–21]. https://www.itho.me.com/0/554/376.htm.

[5] 程良越 . 控制美的集团的"何氏逻辑"[J]. 经理人，2020(315)：58–60.

[6] 陈旺年 . 海鑫钢铁缘何盛极而衰 [J]. 经理人，2015(249)：59–62.

[7] IT 时代网 ."钢铁帝国"海鑫集团破产：败光 40 亿，最年轻首富为何走至绝境？ [EB/OL].(2016–04–26)[2021–09–21]. https://www.sohu.com/a/71692379_249976.

[8] 徐万茂 . 首创"家族共同协议"[J]. 浙商，2009：43–45.

[9] 李惠森 . 自动波领导模式 [M]. 北京：中信出版社，2012.

[10] 邹玲，史小兵 . 李兆会：接班十年 [J]. 中国企业家，2012(5)：70–73.

[11] LANE S, ASTRACHAN J, KEYT A, et al. Guidelines for Family Business Boards of Directors[J].Family Business Review,2006,29(2):147–167.

[12] 家族企业杂志 CFBR. 面向未来的家族企业董事会应该是什么样？ 11 月 17 日葓声国际的 Pedro Nueno 教授现场授道 . [EB/OL].(2019–10–14)[2021–09–21].https://mp.weixin.qq.com/s/lshLcf1JIbR–Xob6RVcAWQ.

[13] 蒂夫特 . 报业帝国:《纽约时报》背后的家族传奇 [M]. 吕娜，等，译 . 北京：华夏出版社，2008.

[14] 哈佛商学院 . 纽约时报公司 [EB/OL].(2008–10–20)[2021–09–21]. https://www.doc88.com/p–7723769898311.html.

[15] 陈晓峰 . 国美战争：妖魔化的董事会？ [N]. 华夏时报，2010–09–14.

[16] 陈凌，朱建安，祝双夏 . 从"国美控制权之争"看上市家族企业治理 [J]. 家族企业杂志，2019(2–3)：99–104.

[17] 美的 . 美的集团 2020 年度报告 [R/OL].(2021–04–30)[2021–09–23]. https://www.midea.com/cn/Investors/reports.

[18] 珀扎 . 家族企业 [M]. 付彦，等，译 . 北京: 中国人民大学出版社，2005.

[19] 张东兰 . 家族·声音 | 井然有序的家族与董事会沟通方式 [EB/OL]. (2018–12–21) [2021–09–21]. https://mp.weixin.qq.com/s/FHPSvRicxX1Fp3s5OluUlw.

第四章

高管层的治理问题

家族企业三环图中，管理系统既与家族系统、所有权系统相独立，又与它们存在重叠交叉部分。前一章涉及了董事会与管理层之间的关系，本章将专门讨论家族股东与管理层之间的关系。尽管董事会作为股东的代理机构具有监督治理管理层的职能，但控股家族并不能完全依赖董事会来处理与管理层之间的关系，尤其在所有权与管理权两权分离程度大的家族企业里，控股家族股东需要关注两个方面：一是为董事会对非家族经理的契约治理提供领导；二是要建立起家族股东与非家族经理人之间的信任。

第一节　家族企业的职业化管理转型

家族企业的职业化管理转型最早发生在美国。在《看得见的手——美国企业的管理革命》一书中，钱德勒把美国大企业的成长以及这个过程中领薪水的职业经理人对企业主的替代定义为管理革命。[1]当时，美国铁路和电报等交通运输革命促进了全国范围内大市场的形成，为大批量生产与分销创造了经济合理性。为了协调生产和分配上的高流量需要，私营企业主不得不大量雇佣职业经理人，从而促进了管理层级的发展。另外，私营企业主家族内部的人力资源不能满足企业规模扩张和经营多元化的需要，这成为家族企业引入职业经理人的内部动因，也是关键性因素。

（1）资本密集型和技术密集型企业很容易超出家族成员在资金、技术和管理能力的范围，在这些业务比较复杂的行业更有可能引进职业经理人。

（2）业务多元化的企业更有可能引进职业经理人；业务多元化甚至比家族企业规模更能决定中高层管理人员的数目、任务的性质以及管理制度的复杂性。

（3）地域多元化的企业更有可能引进职业经理人；当家族企业从事业务的地域分布比较广泛时，也可能会超出家族内部人才的数量限制，从而产生雇佣职业经理人的需求。

中国历史上，在贩运贸易以及远地的联号生意中，雇佣职业经理人进行资本和企业有效运营的案例比较多。山西票号是其中的一个典范。和同时期的其他商帮不同，山西票号采取了所有权和管理权彻底分离的模式。1823年山西第一家票号日升昌正式成立之时，就已经开始聘用非家族经理负责经营管理。研究发现，山西票号聘请非家族经理的原因在于地区扩张战略。[2]

山西票号实行总号—分号制度。在清末，山西票号在国内的 95 个城市设立了 475 家分号，甚至在日本东京、朝鲜仁川（现为韩国仁川）、新加坡、俄罗斯莫斯科等地也设立分号。其中，日升昌、蔚泰厚、蔚丰厚、协同庆、新泰厚、蔚盛长这 6 家票号，在全国平均设立了 13 家分号。分号距总号路途遥远且交通不便，而且票号所从事的金融业务也比较复杂，经营者不但要通晓各种业务，还必须具备全面的管理才能和过人的胆识。财东家族内不一定能找到合适的人选，只能聘请有管理才能、又能被财东所信任的人员来担任各地的管理者。

中国改革开放之后，快速扩张的市场为民营企业的成长提供了巨大的潜力。加上经济全球化和技术革命的推动，提高了民营企业寻求更精细信息、更快决策和更好管理的必要性。与此同时，中国实施的计划生育政策限制企业主的家族规模，导致家族内部管理人才池缩小。当家族内部人力供给不能满足企业发展需求时，引入外部职业经理人就成了可行路径之一了。

由于中国文化传统、法律制度的约束，企业主雇佣职业经理人的需求会受到一定程度的限制。家族成员的职业化成为家族企业现代转型的另一条可行路径。

传统文化约束 华人强调基于血缘的家族主义。著名社会学家费孝通先生在 1947 年出版的《乡土中国》一书中，提出了著名的"差序格局"（diversity-orderly structure）的概念。[3]他将中国人的人际交往形象地比喻成一个个"同心圆"，即"以'自己'为中心，像石子一般投入水中，和别人所联系成的社会关系，就像水的波纹一般，一圈圈地推出去，愈推愈远，也愈推愈薄"。这里"同心圆"比喻的就是中国人的亲疏原则，家人在最里面的圈子里，然后依次是姻缘、地缘、业缘等，陌生人在最外面的圈子里。中国人对亲疏关系不同的人会进行区别对待。日裔美国社会学家弗兰西斯·福山指出，基于血缘的特殊信任导致中国家族企业很难转变为由职业经理人管理的现代企业。

法律制度约束 新兴经济体一般缺乏有效或可预测的法律规范。比如关于会计要求、信息披露、证券交易以及相关执行方面的法律经常缺位或者无效率。这样的制度环境为机会主义行为提供了大量的空间，使得普遍的社会信任难以建立，进而影响家族企业雇佣职业经理人的决策和企业治理。

当阻碍因素较大时，职业经理人对企业的认同度和忠诚度不如家族成员高。对当下家族企业来说，最现实的选择莫过于家族成员的职业化路径——家族企业的掌门人通过培养家族成员的职业化管理意识，依据市场运作需要和个人能力，对家族成员进行职业化分工。美国杜邦公司的现代转型就是采用这种模式。

> 杜邦公司是由伊雷内·杜邦于 1802 年创立的。伊雷内是

来自法国的移民家族。凭借父亲皮埃尔·杜邦的人脉关系，伊雷内的杜邦公司获得了美国总统及政府的支持。1807年杜邦成为全美产量第一的火药厂；1820年杜邦已成为美国政府最大的火药供货商。[4]

1834年伊雷内去世，他的女婿安东尼·彼得曼充当了过渡接班者。三年后，安东尼将权力移交给伊雷内的三个儿子：阿尔弗雷德、阿莱西斯和亨利。此后数十年，杜邦进入兄弟合伙创业的时代，这种合伙关系一直延续到第五代家族成员阿尔弗雷德·杜邦接班为止。

1902年杜邦公司遇到了前所未有的继承危机。董事会中上了年纪的第四代"杜邦"们因为在亨利的阴影下度过了太长时间而毫无斗志，一致决定把公司卖给另外一家火药企业。唯一的第五代合伙人阿尔弗雷德·杜邦极力反对家族基业落于旁人。经他提议，由他与两个堂兄弟科尔曼·杜邦和皮埃尔·塞缪尔·杜邦联手合作完成收购。就这样，引领百年杜邦公司渡过难关的第五代继承人浮出水面。堂兄三人都曾在麻省理工学院就读，除了阿尔弗雷德外，科尔曼和皮埃尔都有在家族企业之外工作的经验。科尔曼充满了领导者的气质和魅力，而皮埃尔性格内向温和，敏而好学。这就是杜邦历史上著名的"中兴三巨头"。

科尔曼和皮埃尔认识到，如果把公司相互分散独立的资产整合到一起，并进行集中化管理将会释放更大的利润空间。

同时，把不同的工厂按照黑火药、甘油炸药、无烟炸药这三种主要产品的采购、生产和营销进行整合，将会大大降低成本、提高效率。为了实现这一目标，他们制定了一个四步走的战略：第一步，将杜邦公司进行现代化改造，建立定位明确的事业部；第二步，同全资控股子公司——哈扎尔火药公司合并，将其并入杜邦公司的管理体系；第三步，将其他子公司，特别是生产甘油炸药的企业并入新的集中化管理的公司；第四步，通过并购其他竞争者来拓展自己无烟炸药的生产能力。

为了实现这个战略，杜邦公司开始了对昔日竞争对手拉夫林-兰德公司的收购。科尔曼利用个人魅力说服对方的股东，将股份转给杜邦公司，以换取现金和新杜邦公司的股票；而皮埃尔则利用自己的财务知识设计出令双方都满意的交易方案。在完成对拉夫林-兰德公司的收购后，杜邦公司控制了美国东部超过70%的甘油炸药生产。在杜邦公司内部，全新的组织架构也在科尔曼和皮埃尔的推动下建立起来。根据不同职能，公司建立了法律部、房地产部、发展部、销售部、基本材料部和财务部，各部门直接向总裁报告。运营部在总经理的领导下进行生产活动，下设采购部、工程部、高爆炸药分部、黑色火药分部和无烟火药分部。三兄弟根据自身的兴趣和能力进行了分工。科尔曼担任总裁，负责公司的发展战略和总体运营；阿尔弗雷德做总经理，负责监督生产制造；

皮埃尔担任总会计师掌管财务。

　　杜邦家族第五代的三个堂兄弟，把按照传统模式经营的家族企业改造成为家族成员控股并参与管理的新型企业，同时完成了一系列公司管理架构的革命和创新。具有现代意义的职业经理人开始进入家族企业，而不同职能的事业部开始由家族之外的经理人领导和负责。

　　在这场变革中，运筹帷幄的设计师和推手当属皮埃尔，他比两位堂兄更深刻地认识到这种管理架构的变革会给企业带来怎样的变化，同时也比另外两位堂兄更适合统领这种现代化的企业。科尔曼很快对企业管理失去了兴趣，开始转向政坛并逐渐远离杜邦公司的管理工作。阿尔弗雷德则只对黑火药的生产制造感兴趣，缺乏从事现代化管理的天赋。这些差异和分歧，导致1911年皮埃尔在科尔曼的支持下，免去了阿尔弗雷德总经理的职务和一线管理的职权，并且把一批年轻的经理提拔到阿尔弗雷德曾经的位子上，其中包括担任总经理助理的皮埃尔的弟弟小伊雷内。1914年，科尔曼和皮埃尔发生了冲突，皮埃尔将自己的弟弟小伊雷内扶上总经理的位置，并且让另一个弟弟小拉蒙进入公司管理层。

　　科尔曼和董事会面对皮埃尔的建议选择了接受和妥协，杜邦公司新的管理层按照皮埃尔的想法进行了重组。除了皮埃尔以外，没有家族股东继续在企业中从事管理工作，皮埃尔选择的新管理层是在证明了具有相应的管理才能后才能得到任命，评判标准是能力而不再是家庭出身和背景。皮埃尔最终将这个有着超过百年历史的家族企业变成了家族控股、董事会决策和监督、职业经理人经营管理的现代型大企业，这个结构在以后的岁月里被不断改进和修正，并被其他企业纷纷效仿，成为美国新一代企业的成功典范。

在第一次世界大战即将结束之际，皮埃尔敏锐地预见到炸药工业将面临生产能力过剩的前景，开始考虑多元化投资。他看中了汽车行业，策划并与摩根公司一起收购了处于危难之中的通用汽车公司，同时用投资家的慧眼发现了后来被人称为职业经理人典范的阿尔弗雷德·斯隆。

时至今日，作为一家上市公司，杜邦公司董事会中家族成员的比例虽然越来越小，但是杜邦家族仍然控制着公司的主要决策。杜邦家族非常重视对家族成员的培养，家族所有成员都必须从基层工作开始，奋斗五六年后由几位长辈对其表现做出评估。评估结果不好就会被请出公司；如果评价很高，就会得到进一步的提升和锻炼。因此，在杜邦家族，家族内部的优秀代表始终准备与职业经理人一起把企业不断带向更高的水平。[5]

杜邦公司的案例说明：（1）无论是家族成员还是职业经理人，团结合作、高效敬业的人才团队是企业成功的关键因素。（2）家族企业既要积极引进职业经理人，更要不断培养家族成员。（3）

美国现代企业中不乏在第一代或第二代接班人手里就发生所有权和管理权分离、职业经理人掌控企业的案例，但是杜邦公司一直到 20 世纪 60 年代才出现非家族的总裁和总经理。可见，家族企业两权分离是转型过程的结果，而不是关键，更不能是原因，家族企业采取家族控股和参与经营，在高层管理层面引进职业经理人将是一种常见的做法。

职业化管理路径的选择

家族企业管理模式的选择是动力与阻力两种力量抗衡的结果。动力因素包括：企业规模扩张、业务复杂化、地域多元化、创业家族人力资源短缺等；阻碍因素包括：传统文化、法律制度尚不健全。如图 4-1 所示，家族企业的管理模式可分为以下四种。模式 I：当动力和阻力都较弱的时候，家族企业处于"没有行动区域"，其管理模式将保持个人管理模式。模式 II：当动力较弱而阻力较强时，家族企业采用的是传统家族管理模式，即图中的"负面行为区域"。模式 III：当动力较强而阻力较弱时，家族企业会引入非家族经理，实行职业化管理模式，即图中的"正面行动区域"；模式 IV：当动力与阻力都较强时，家族企业将采用家族成员和外部职业经理人共同管理模式。目前多数中国家族企业处于"混合区域"。

	阻碍因素程度弱	阻碍因素程度强
动力因素程度弱	Ⅰ 没有行动区域 个人管理	Ⅱ 负面行为区域 传统家族管理
动力因素程度强	Ⅲ 正面行动区域 职业化管理	Ⅳ 混合区域 家族成员和外部人共同管理

图 4-1 职业化管理路径的选择

资料来源:ZHANG J, MA H. Adoption of Professional Management in Chinese Family Business: A Multilevel Analysis of Impetuses and Impediments[J].Asia Pacific Journal of Management,2009(26):119-139.

值得注意的是，家族企业的管理模式选择并非静态的，而是会随着家族动态、企业动态和外部环境的变化进行调整，即一个家族企业在不同阶段可能采用不同的管理模式。当家族企业出现以下情况时，也会考虑临时引进职业经理人。[6]

（1）即将离任的家族企业领导人没有做好继任规划，或无法在后代家族成员中做出选择。

（2）家族继任者缺乏实施公司所选择战略(比如国际化战略)的能力，或者控股家族认识到企业需要更具战略思想的领导者。

（3）家族继任者太年轻或者尚未准备好接受这份工作，这时一个高水平的职业经理人既可以成为他们的榜样，也可以在他们的发展过程中提供实质性的指导。

（4）家族企业所处的行业面临巨大变革，而家族继任者无法引领企业完成这场变革，引进职业经理人成为当务之急。

第二节　职业经理人的招聘与引进

当家族企业所处的法律监管环境比较薄弱，家族内部的人力资源又不足以满足企业经营需要时，家族企业不得不引入职业经理人。然而，家族股东与非家族经理人之间的目标不一致时，会产生委托代理问题，这也是家族系统与管理系统需要共同治理的缘由。要规避职业经理人机会主义行为和道德风险，必须有系统思考，从招聘引进这一环节就着手规划和安排，而不能像兰州黄河股份公司那样仓促上马，否则后患无穷。

1999 年 6 月，兰州黄河股份有限公司上市。第一大股东兰州黄河企业集团持有上市公司 40.73% 的控股权。杨纪强是企业集团的创始人，他和四个儿子分别担任集团公司和股份公司的董事长、总经理、分公司经理等职，即大股东和上市公司是"两块牌子，一套人马"。上市后 1 个月，兰州黄河股份公司就发布公告，称其控股股东兰州黄河集团将持有的上市公司股权中的 1980 万股以协议转让方式转让给北京荣园祥科技有限公司，转让价格每股 1.2 元，远低于当时兰州黄河的每股净资产 5.05 元。大股东转让股权的速度之快、价格之低，令人质疑！这一切都是由家族企业引进的职业经理人王雁元一手导演的。

王雁元是 1997 年进入黄河集团的，专门负责公司上市及宣传的全盘策划。在上市过程中，杨纪强对王雁元高度信任且过于放手，使王雁元获得了利用上市为自己谋利的权力，并为日后蚕食鲸吞上市公司资产埋下了伏笔。

首先，她向杨纪强提议，董事会要聘请有知识、懂证券、有社会知名度的人担任董事。在得到杨纪强首肯之后，她出面聘请了 7 名非出资人董事，她自己则担任了副董事长兼总经理。而除了杨纪强为董事长之外，来自大股东单位的董事只有 3 名。

其次，她主持修订了公司章程，将"设立董事会的授权常设机构——董事会执行委员会"的条款写入新章程，并明确规定"董事会执行委员会设立主席一人，由副董事长兼任"，这就确立了她在股份公司中一人之下万人之上的地位，具备了大权独揽的先决条件。

最后，她坚持将募集资金 336 亿元存入一家与黄河集团没有合作关系的银行。这笔资金没有按照招股说明书的承诺计划投入项目，而是将 18 亿元买了国债，7000 万元做了大额存款，案发时尚有 1400 万元没有着落。

1997 年，在王雁元出任黄河集团领导职务一个月后，华夏明珠科贸有限公司在北京成立，法人代表孟祥魁为王雁元之子，某高校在校生，时年仅 21 岁。1998 年王雁元向杨纪强批得上市开办费 1000 万元，汇入华夏明珠科贸公司。1999 年，兰州黄河股票主承销商以财务顾问费的名义先后向华夏明珠科贸公司账户汇入资金 292 万元。儿子的公司给母亲担任总经理的公司当上市顾问，其中的关联交易不言自明。7 月 22 日，就在股权转让公告当天，北京荣园祥公司刚刚注册成立，出资人为王雁元的父母亲，法人代表还是孟祥魁。关于股权转让，杨纪强称自己是在不知情的情况下签署的。

1999 年下半年，两个家族势力的矛盾更达到了不可调和的地步。就在 11 月 6 日，兰州黄河股份公司在兰州和北京同时召开董事会会议。以董事长杨纪强召集的董事会在兰州西北宾馆召开，只有 3 名董事，缺席董事过半数，会议开成了情况通报会。以王雁元召集的董事会在北京翠微宾馆召开，她利用董事会执行委员会主席的身份使得到会董事超过 2/3，但是董事长未到会。北京的会议开到一半，王雁元和公司副总陈辉就被兰州警方依法拘留。原来早在 9 月，黄河集团就已向警方报案，指控王雁元利用职权，非法转让黄河股权。

1999 年 12 月，在部分股东和监事会召集下，兰州黄河股份有限公司临时股东大会召开，修改公司章程，免去第三届全部董事和监事，选举第四届董事和监事，杨纪强任董事长，杨世江（杨纪强的二儿子）任副董事长。解聘公司原全部高管人员，由杨世江任总经理，聘任新的董事会秘书和财务总监，兰州黄河事件以杨氏家族成功地"保卫黄河"而告终。但是以王雁元为首的公司原管理层滥用了股东的信任，导致股东资产险遭侵蚀。经此一事，兰州黄河元气大伤，2001年中期，企业已经陷入亏损。

这场变故之后，兰州黄河又回到传统家族管理的老路上。在新组成的董事会中，上届11名董事只有3名留任，非出资人董事比例大大减少，独立董事也消失了。董事中有杨家父子三人，其中父子二人囊括了公司董事长、副董事长兼总经理的职务。可以看出，杨纪强对公司治理机制的看法发生了180度大转弯，从起用能人、设立独立董事，重新回到了信任、重用家族成员。

兰州黄河引入职业经理人的主要原因是，创业家族内部缺乏知晓公司上市知识的人才。据介绍，王雁元在甘肃任记者期间，曾跟踪报道过黄河集团。杨纪强认为她能干、办事认真、公关能力强。1997年9月，45岁的王雁元毛遂自荐，被聘为黄河集团副总经理，负责上市和宣传工作。后因杨纪强对股份制企业运作等知识不甚了解，对她更加信任。[7] 这种不设防的信任使得王雁元独揽了上市筹备工作的大权。兰州黄河的案例暴露出杨纪强在引进职业经理人的时候缺乏系统思维。引进之前，他忽略了对职业经理人的全面考察，即不仅要看职业经理人的商业记录，还应包括对其价值观、长期导向、承担责任等方面的考察。引进之后，对于不知根知底的外部职业经理人彻底放权、缺乏有效监督约束机制，给后面代理问题的产生提供了温床。

山西票号的做法启示

中国历史上山西票号在招聘非家族经理的时候，形成了三项特色鲜明的制度（行规），在一定程度上减少了非家族经理机会主义行为的概率。[2]

本地人策略 为了保证非家族经理的可靠性，山西票号只聘请山西本地人。据研究发现，绝大多数的票号掌柜是票号总号所在地的"本县人"。本地人策略有助于考察员工的家庭背景，做到知根知底；在当时的条件下还能更好地约束员工——如果某人出现机会主义行为被辞退，这一信息会成为当地圈子中的公共信息，其他票号也不会再雇佣此人，从而起到集体惩戒的作用。

重托制 学徒进入票号，必须要由与票号有业务关系的店铺担保；学徒出事，保人要承担赔偿责任；对于经理级别的人物，担保人不但要具备名望和财力，还要为经理人的行为承担终身担保；如果中途因故停止，需另找保人，否则，经理必须停职。如果被保人出现渎职行为，担保人须无条件地尽保人义务。

长时间严格的筛选机制　学徒入号后，票号会选派业务骨干采用师傅带徒弟的办法进行培养和训练；经过 3 年培训和严格考察后，合格的学徒才能成为票号的伙友，量才使用；之后，伙友还要经过 7 年左右的班期考核，才能担任分号经理，进入内部的晋升通道；再经过多年的择优选拔，才能成为总号经理。

山西票号在考察非家族经理时，还特别注重考察人品。蔚泰厚京师分号经理李安龄曾有言，"票号以道德信义树立营业之信誉，故遴选职员，培养学徒非常慎重，人心险于山川，故用人之法非实验无以知其究竟"。在考察人才的方法上，他还提出了一整套准则："远则易欺，远使以观其忠；近则易狎，近使以观其敬；烦则难理，烦使以观其能；卒则难办，卒使以观其智；急则易夹，急使以观其信；财则易贪，委财以观其仁；危则易变，告危以观其节；久则易情，班期二年而观其则；杂处易淫，派往繁华以观其色。如测验其人确实可用，由总号分派各分号任事。"这种测试的过程可谓是"十年寒窗考状元，十年学商倍加难"。山西票号漫长的内部选拔过程有助于充分了解并评估掌柜的工作能力和忠诚度，大大降低了双方信息不对称的程度。除了内部晋升的经理外，从外部引进的非家族经理，也必须满足本地人策略和重托制的要求。除非之前有突出的表现和业绩，否则也需要通过内部考核才能担任总经理一职。

山西票号案例至今仍有一定的借鉴意义。尽管本地人策略和重托制在当今时代会受到限制，但是内部晋升制度还是比较适合中国情境。在欧美社会，由于市场体量大，市场信息公开，形成了相对健全的职业经理人市场，家族企业对于职业经理人的选择范围更大，空降职业经理人也比较普遍。而国内缺少一个完善职业经理人市场，如何选择到一个既有能力又靠得住的职业经理人呢？其中一个可行办法就是内部培养。有统计显示，现在活跃在上市家族企业的高级管理者中，85% 都是企业内部升任，为企业服务往往都在 7 年以上，更有半数以上的高管在企业创立 1~2 年就已经在该公司任职。[8]

职业经理人进入家族企业之后，家族企业还需要设计合适的公司治理结构对他们的行为进行治理，以减少职业经理人侵占的可能性。比如，美的集团引入专业的职业经理人团队之后，集团总部向更高效的战略管控模式转型。事业部在价值链决策上高度自治，事业部总经理可以自己组建经营团队，并拥有数千万元的资金审批权。在放权的同时，美的集团成立了全新的董事会和审计监察委员会，不断完善董事会的监督和咨询功能。

第三节　激励并留住职业经理人

引进职业经理人之后，家族所有者打算如何激励这些职业经理人呢？当其他公司向经理人抛出"橄榄枝"，家族企业又如何留住他们呢？在不允许职业经理人参与企业的战略决策时，家族企业领导者又如何激励职业经理人呢？

山西票号的做法启示

先来看看历史上山西票号的做法。即使以现在的眼光来看，山西票号在"留人"上所采取的方法也是非常先进的。在非家族经理成长的不同时期，山西票号采用了物质激励、社会性激励、情感性激励的不同激励组合来满足他们不同层次的需求，使其不断进取，为票号的发展服务。[2]

从伙友到分号经理：薪金 + 身股激励

学徒成为伙友后，可获得的物质激励主要是薪金。初进号时，薪金的数量可能只有7~8两银子；工作10余年后，才有可能达到80~100两银子。据查，资深伙友的收入还不到当时清朝七品知县收入的 10%。

在这个阶段，对员工最有激励效果的是身股。如果拥有身股，其收入将大为改观。以大德通票号为例，该号在 1889 年、1908 年和 1925 年（4 年为一个账期），每股的分红分别为 850 两、17000 两和 8000 两。如果某个员工持有身股 1 厘，在这三年分别可得到 85 两、1700 两和 800 两的分红。如果持有身股 9 厘，则分别可得到 765 两、15300 两和 7200 两的分红。一般而言，票号员工拥有身股的数量只有 1~2 厘左右，与身股数量为 9~10 厘左右的总经理相比差距较大。因此，对于未有身股或拥有少量身股的员工而言，能够不断攀爬，从而得到更多的身股，无疑具有巨大的诱惑力。

从分号经理到总经理：物质激励 + 社会性激励

在本阶段，分号经理的薪金和身股所带来的分红进一步增加。以多家票号每个账期正常的分红水平为标准（每厘分红 800~1000 两左右），各地分号掌柜和中层管理人员的身股（5~6 厘）可以分到 4000~6000 两，这与当时七品知县的收入基本持平甚至略有超出；如果再加上每年的免费供给（住宅、衣服、饮食等）和薪金，其物质报酬甚至要高于七品知县。

虽然身股可以逐渐递增，但绝大多数情况下，都止步于 1 股——总掌柜身股最高为 1 股，是山西票号的行业"潜规则"。在这一时期，交往关系网络这种社会性激励开始发挥作用。因为山西票号的业务主要靠在外的分号经营，"总店大都出巨款为分店经理捐一候补道之官衔，以增高经理人之人格，且万一遇诉讼时，出入官衔亦较占便利焉"（见东海所著的《记山西票号》）。票号经理人通过社会资本的积累，改变了自身的社会地位，使个人的能力和成就得到了社会认可。

担任总经理后：信任＋控制权

担任总经理后，非家族经理的身股和薪金基本已达到顶点。但从激励的角度看，在这一时期，财东的充分信任为总经理提供了强有力的情感性激励。"票号财东一旦选中聘用总经理，则将资本、人事全权委托经理负责，一切经营活动并不干预，日常盈亏平时也不过问，让其大胆放手经营，静候年终决算报告。苟非人力所能制止而散失资金，财东不但不责经理失职，且加慰勉，立即补足资金，令其重振旗鼓。"正因如此，大德恒票号经理颉尊三曾写道："由财东之识意的信赖经理，于是经理以忠义之答报知遇，此理之固然者也。"

控制权回报主要是满足经理人的权力需要与自我实现的需要，虽然其激励效果会受到经理人任期的影响，但山西票号实施的终身雇佣制度为其获得持久的控制权回报提供了保障。

山西票号的案例为当今家族企业激励并留住职业经理人提供了启发：（1）设计有竞争力的薪酬和福利计划。其中，为关键的职业经理人提供股权激励或者虚拟持股计划有助于激励。（2）施行多元化激励组合。除了薪酬和福利计划外，设计社会性激励或者情感性激励也能取得相当的激励效果。比如鲁冠球非常赏识当时在万向集团基层锻炼的倪频，有意撮合自己三女儿与倪频的婚事。成为鲁冠球三女婿的倪频后来在美国筹建万向第一家全资海外公司，成为万向向海外市场进发的跳板。（3）给予职业经理人过高的信任或者控制权激励是一把双刃剑。这是山西票号财东留住高素质人才的秘诀，也导致了后来掌柜们拒绝授权给下属、反对组织变革的消极后果。

为职业经理人创造有利环境的方法清单

有学者调查了民营企业经理人流失的原因，结果显示：企业的发展前景、工资福利水平、晋升公平性、职业发展机会、雇主信任是前五大因素。[9-10] 因此，企业家们可以针对企业自身的实际问题，从以下方面为职业经理人创造有利环境（见表4-1）。

表4-1　为职业经理人创造有利环境的方法清单

企业的发展前景	■ 雇主具有长期稳定发展的战略观念，为经理人带来安全感和对未来的信心 ■ 促进业务持续增长
工资福利水平	■ 提供能够成为本行业标杆的薪酬福利计划。员工持股计划或虚拟持股计划可以让职业经理人分享公司发展的成果
晋升与分配的公正性	■ 重视非家族成员对家族企业的贡献，要注意家族企业内部的言论 ■ 协调家族成员与非家族成员雇佣比例和资格条件

续表

职业发展 机会	■ 坦诚讨论非家族经理的晋升机遇，以及家族企业继任过程会如何影响这些机会 ■ 定期调查非家族员工对工作氛围的评价，判断管理者与所有者之间的关系是否正常 ■ 将公司业务分成不同板块，给职业经理人提供负责运营其中某个板块的机会。这可以避免家族成员的竞争，可以让非家族经理相信，他们可以在家族企业晋升到最高职位而不用担心被家族成员挤出去
雇主信任	■ 让非家族经理参与企业的继任规划，使他们有更强烈的归属感和动力 ■ 与非家族经理定期召开会议，促进双方的相互理解和尊重 ■ 聘用能干的职业经理人作为公司的过渡期总裁和下一代家族成员的导师

资料来源：珀扎.家族企业 [M].付彦，等，译.北京：中国人民大学出版社，2005.

规范企业管理制度挽留职业经理人

薪酬福利水平较差的中小家族企业，也可凭借良好的发展前景给经理人提供充分的职业发展空间。不过，要吸引并长期留住经理人，家族企业主应该具有稳定发展的战略观念，使经理人有安全感且对未来充满信心。规范好企业内部的管理制度，在家族系统与管理系统之间设定界限：家族成员尊重管理系统中等级链条，使非家族高管不受干扰地完成工作，将有助于职业经理人建立起制度信任，进而确信家族企业经营是专业而客观的，减少他们向国有企业或者外资企业流失的风险。

美的集团是这个方面的典范。创始人何享健对职业经理人的战略性培养思想始于 1996 年。当时美的首次出现业绩下滑危机。在深入分析了原因之后，何享健于 1997 年启动企业改革方案，在企业从内部提拔职业经理人担任集团重要职位。为此，何享健还劝退了自 1968 年起就跟他一起创业的元老们。为了确定职业经理人的权责边界，美的专门制定了分权手册。[11]

《分权手册》分为集团战略与目标管理，规章制度、公文、会议及新闻宣传，人力资源管理，工资、奖金、员工福利，财务管理，资金管理，资本管理，投资管理，生产制造与技术，市场营销，总务，研究开发及科技与知识产权管理，审计监察，其他等十四大类共 217 次分类，对涉及经营、管理的各项工作决策权限分提议、提案、审核、裁决、备案等进行了详细的规定。

随着美的集团事业的迅猛发展，美的集团又派生出了二级集团，包括制冷集团、日电集团、机电集团及房产集团等，美的集团的分权规范随着集团组织的发展而不断修订、扩展、细化，从而形成了极为完善、丰富的分权体系。

美的《分权手册》对公司各级管理层的职责、权限和作用以及相关的监督制约方法进行了严格规定。概括起来，包括"一个结合、十个放开、四个强化和七个管住"。

"一个结合"：与责权利相统一的集权与分权相结合。

"十个放开"：将机构设置权、基层干部的考核任免权、劳动用工权、专业技术人员聘用权、员工分配权、预算内和标准内费用开支权、计划内生产性投资项目实施权、生产组织权、采购供应权、销售权这十项基础权力下放。

"四个强化"：强化预算管理、强化考核、强化审计监督、强化服务。

"七个管住"：管住目标、管住资金、管住资产、管住投资、管住发展战略、管住政策、管住事业部正副总经理和财务负责人。

在这样的分权体系下，美的集团职业经理人的经营管理权获得了制度保障。例如一个事业部的总经理可以拥有几千万元乃至上亿元资金的审批权；而何享健从董事局主席位置上退休后，以方洪波为首的职业经理人团队拥有更大、更广泛的决策权力，这在中国民营企业的发展史上是绝无仅有的。

设计合理的薪酬体系留住职业经理人

现在越来越多的家族企业家认识到，仅凭老板与经理人之间的私交或指望经理人的自我约束是无法杜绝机会主义行为的。家族所有者要想得到职业经理人的信任，最好是把手下重要的职业经理人也变成老板。方法之一就是授予经理人股票期权。在此基础上，还有一些家族企业在探索新的激励方案。

浙江方太集团的身股制。[12] 创二代茅忠群从 1999 年开始逐步引入各种人才，组建了一支包括销售、采购、人力资源、生产、物流等领域的职业经理人团队，给方太注入了强劲的动力。2010年，为了激发全体员工的奋斗热情，提升员工的归属感和凝聚力，茅忠群决定实施"全员身股制"。

最初的"身股制"规定，公司拿出上年度净利润总额约5%的比例分给所有入职满两年的员工，每年实施两次分红，时间分别定在5月28日和9月28日（孔子诞辰日）。员工不需要投资入股，只是依据自己持有身股的多少参与分红。2010年，方太的年销售收入超过20亿元，净利润超过1亿多元。第一批拿到"身份股"股权书的员工有1300多名，最少的占1股，最多的股数保密。2011年端午节，员工们开始第一次拿到身股制分红，每股1400~2000元不等。但是人在股在，一旦离职，将自动作废。

在总部试运行之后，2011年"身股制"进行全员覆盖，开始延伸到各个事业部及分布在全国各地的49个办事处，员工人数超过6000名。标准则是根据集团及不同事业部的身股定额，以及各自的绩效评估，其中集团公司根据集团利润评估单价，而各个事业部和分公司根据各自剩余利润，形成各自的身股单价。集团的部分是面向所有员工，而事业部则只面向本部门员工，最后根据员工的岗位情况综合核算。

2012年方太的身股制开始新一轮调整，集团副总裁级别（岗位）身股实行独立计算，部长和总监级别身股数量也进行强化。与此同时，对于驻扎在各地的销售办事处，从 2012 年起，身股分红与集团总部脱钩（即办事处员工不再享受集团身股分红，但预留利润比例将大幅提升，其身股单价也将随之大幅提升）。办事处在缴纳约 50% 利润给集团总部后，剩余 50% 都将折算到身股单价中奖励给持股员工，尤其是向办事处经理倾斜。如果该办事处是初创还没有产生利润，则分红由集团总部分配。总的来说，新一轮的调整方案主要是强化对中高层以及对各地销售分支机构的激励，不做大锅饭，具体的股数和员工的实际贡献与绩效挂钩，充分调动高管和各事业部的积极性，体现了公平公正。

此后几年，身股制又进行了几轮修改。每年都有一些小的改进。由于没有前例可以参考，所以这个激励方式具体如何细化，方太这几年还在持续探索中，从哪些员工享有身股、不同人员的身股数如何确定，到分红比例是多少、考核标准如何界定，方方面面都需要试验、总结和改进。

茅忠群认为，对非上市公司而言，可采用的中长期激励方式并不多，要达到上市公司的激励效果，身股制是一个比较好的方案。现在上市公司高管套现的行为屡见不鲜，对股权还有一定的稀释，容易伤害公司的经营主权，身股制则没有这方面的隐患。实施身股制后，方太集团的员工敬业度有了比较大的提升。根据"翰威特敬业度调查"，方太集团实行身股制后，得分从 50 分提高到

2017 年的 87 分，超越了最佳雇主平均水平。这也促进了方太的业绩增长保持每年 30% 左右的增速；员工的流失率也大大降低。[13]

碧桂园集团的事业合伙人制度。[14-15] 碧桂园的事业合伙人制是让公司管理层都成为"事业合伙人"，通过合伙人持股和项目跟投进行利益捆绑，调动管理层的积极性，提高工作效率。

2008 年金融危机的爆发使碧桂园陷入长达两年的停滞期，迫使碧桂园集团努力寻求突破之路。他们发现，除金融危机的冲击外，公司内部家族高度控制的治理机制已无法满足当时的需要，迫切需要改善。比如 2009 年，公司董事会成员一共 9 人，除创始人杨国强外，杨惠妍（次女）、杨志成（亲侄）、杨永潮（亲侄）都是杨氏家族成员；杨贰珠、苏汝波、张耀垣、区学铭四位执行董事是创业元老，与杨国强亲如兄弟；而职业经理人执行董事只有一位崔健波。当公司规模较小时，集团公司直接领导项目公司，项目采购、营销、决策等大权全部掌握在杨氏家族以及杨国强的"老兄弟"手中。

随着公司进入高速扩张阶段，覆盖的省份也越来越多，项目从上市之前的 23 个增加到 60 个，杨氏家族成员和元老们所具备的专业知识水平已经不能适应公司发展需要。除了专业知识需要提高外，集团公司直接管理 50~60 个项目精力不支，而且在不了解项目所在地具体情况的条件下，由集团公司做决策是不合理和低效的。2010年碧桂园开始去家族化，任命职业经理人莫斌为集团总裁、任命职业经理人吴建斌为集团首席财务官。

2012年末碧桂园开始推行"成就共享计划"，具体分为奖金激励计划和购股权计划。激励对象在完成集团规定的业绩、资金回笼等相关考核指标后，计提一定的奖金进行分配，这部分奖金除了现金发放部分外，还有一部分将直接作为股权计划下员工行使购股权所需支付的资金；员工的级别越高，能够购买的股权就越高。因此，成就共享计划属于增量激励，不需要员工自己掏钱。

随着行业进入白银时代，有些项目出现了亏损，导致原先制订的成就共享计划没能很好地发挥作用：（1）新项目考核期内亏损，20%亏损额由区域总裁及项目总经理承担；（2）一年内现金流不回正，将失去继续参加成就共享计划的资格；（3）最终未能获得奖励项目，将视情况对区域及项目管理层进行处罚。严苛的成就共享会造成一定的负面效果，惩罚机制意味着项目层面需要承担较高的经营风险，导致项目层面可能会因为"求稳"而丧失新的发展机会。

2014年，碧桂园顺势推出了"同心共享计划"。这套方案进一步放开了员工入股项目的权利，进一步捆绑公司与员工的利益。具体操作模式是：集团拿出每个项目的10%~15%的权益给管理层，管理层必须拿钱跟投，其他员工可以自愿限额跟投（实施方案见表 4-2）。该计划实施后，碧桂园的所有项目都将转变为合伙人制，把管理重心下移到区域，实现区域做大做强。

表 4-2　碧桂园集团"同心共享计划"实施方案

计划内容	具体说明
跟投人员范围	强相关人员强制跟投：集团董事、副总裁、中心负责人及区域总裁、项目经理等跟项目公司的实际收益强相关，需要对项目进行强制跟投，以实现双方利益的高度绑定，切实提升核心负责人的主人翁意识和责任感 弱相关人员自愿限额跟投：除强制跟投人员之外，其他员工在不超过投资上限的前提下也可自愿参与项目跟投，改善员工对项目公司的支持力度，增加员工投资收益渠道
跟投股权结构	每个项目都成立独立的项目子公司，项目跟投人员通过成立的两个员工跟投持股平台（佛山市顺德区团享企业管理中心、区域投资企业）参与跟投，方便管理员工的跟投股份
跟投总量限制	区域总裁、项目经理等仅需投资自己区域的项目，占比不高于该项目投资总额的 10%，集团员工可投资所有项目，但占比不高于该项目投资总额的 5%
跟投个量分配	根据级别、对项目运作的重要程度不同，强制跟投设定跟投下限、自愿跟投设定跟投上限
收益机制	当项目获得正现金流后，利润就可分配，所得利润可用于投资下一个项目，也可交给集团公司有偿使用；项目有盈利时，可进行分红；但如果项目出现亏损，参与者不可退出
退出机制	员工离职：必须退出，若项目公司有盈利则按 8% 年化投资收益率计算退出收益，亏损则同比例承担 区域员工工作调动：员工可自主选择是否保留股份，具体由各区域投资企业自行决定 项目公司主要管理团队发生变更：需强制跟投的岗位的新继任者仍需强制跟投，原任者在项目结算后计算退出收益 员工特殊需求（如疾病，或意外身亡等）安排：可申请退出，按比例计算收益，若有亏损按比例承担

在事业合伙人制度实施的同时，杨氏家族极力吸收高管职业经理人进入董事会。2011年，杨氏家族在董事会的席位再添一权重，杨国强三女儿杨子莹任执行董事一职，负责碧桂园财务（包括境外及境内融资）。此时，家族成员、创业元老和职业经理人的比例是5:4:1。2013年，杨国强从富力挖来中海系朱荣斌，委以执行董事、联席总裁的重任，主要负责拿地工作。这一年里，同时进入董事会执行层的还有谢树太、宋军、梁国坤和苏博垣，前三人都是碧桂园最早一批的职业经理人。以朱荣斌的加入为起点，职业经理人在碧桂园的管理结构中陆续冒起，董事会中的职业经理人比例首次超过家族成员。加上首席财务官吴建斌的加盟，至2014年末，碧桂园董事会14位执行董事中，职业经理人占7席。

同心共享计划实施一年，碧桂园集团和区域的资金池收益惊人。碧桂园投资公司分三次共募集了2.42亿元资金作为股本金投资，通过一年不断滚动投资，后来资金数额达到了5.84亿元。财务总监吴建斌表示，房地产开发的杠杆较高，碧桂园的整体杠杆比率在70%左右，这使得公司自有资金的年化收益率高达56%，员工跟投资金便享受了这种杠杆带来的高收益，公司也得到了快速发展。数据显示，碧桂园旗下引入合伙人机制的项目，从拿地到开盘平均时间从过去的6.7个月缩短为4.3个月，净利润率从10%提升到12%，年化自有资金收益率从30%左右上升到56%，现金流回正周期由 10~12 个月缩短到 8.2 个月。在同心共享事业合伙人机制下，碧桂园借助外部环境大好的态势，进行高速发展和扩展，高效的决策推动集团发展壮大。2017 年碧桂园已覆盖 30 个省和直辖市，拥有 1456 个项目，并且在马来西亚、澳大利亚、印尼启动了 12 个海外项目。

碧桂园事业合伙人机制的核心原理是风险同担，利益共享。（1）事业合伙人制是职业经理人制度的升级版。在原有股份公司制下，管理层不共同承担风险，股东则站在了劣后的位置。只有当职业经理人团队也因为合伙人机制而站到劣后位置，股东与管理层才能实现利益共享、风险共担。（2）事业合伙人制可以在一定程度上化解"危机时期的离心现象"，也会改变公司的股权结构，提高职业经理人的工作效率，缓解股东和职业经理人之间的委托代理问题。（3）碧桂园的实践适用于规模庞大且分公司众多的集团公司。由于集团总部并非唯一的重心，下属各分公司也同样拥有各自的重心；集团管理层以及各分公司管理层成为事业合伙人，自上而下充分调动全公司的工作积极性，从而推动公司的发展。

除了身股制和事业合伙人制之外，还有一些方式可用于关键职业经理人的激励。有些企业家会给在家族企业任职达到一定时间以上的非家族高管设立终生养老年金，或者提供一笔巨额奖金，以感谢他们为家族企业的多年付出。也有的企业家会把家族产业中的其他业务板块的股份拿出来奖励有贡献的非家族高管，其好处是可以保持家族对核心业务板块的控制权，同时实现家族股东与职业经理人的利益共同体。

为经理人的职业发展提供更多机会

不少职业经理人认为：外人在家族企业里迟早会遭遇"玻璃天花板"，尤其是在家族二代成员在企业中担任高管的情形下。当职业经理人对自己前途感到灰心时，他们对家族企业的忠诚度和承诺就会下降。对此，家族企业领导者有必要"双管齐下"，为经理人的职业发展提供更多机会。

设计家族成员的雇佣政策 根据家族与企业的实际情况设计家族雇佣政策，以便同时为家族成员和职业经理人提供机会。如果企业规模较小而家族成员较多，可以适当提高家族成员进入企业工作的门槛，让最优秀的家族成员进入。比如有些创业家族会限定高管团队中家族成员的比例。"我们不想在企业高管中超过三分之一的职位由家族成员担任"；有些家族企业在家族宪法中做出如下规定，"三分之一的高管职位由家族成员担任，三分之一的职位由在家族企业内工作晋升的非家族成员担任，还有三分之一的职位由最近3~5年雇佣的有经验的非家族高管担任"。

规划家族企业的结构 对于家族二代可能接班的企业，家族企业领导者可以在企业内成立足够多的业务部门或单位，给职业经理人运营其中的板块提供机会。该做法可以让外部经理人相信，他们可以在家族企业晋升到最高职位而没有必要担心被家族成员排挤出去。

无论哪种情况，家族企业领导者都要坦诚地与职业经理人讨论职业晋升机遇，以及继任过程会如何影响这些机会。这是非常必要的且为关键的职业经理人所重视的。另外，家族股东可以定期调查职业经理人的工作氛围和满意度状况，并判断管理者与所有者之间的关系是否处于正常范围。

增进与职业经理人的相互信任

控股家族成员用"一种声音"说话 如果控股家族内部不能统一意见，就会给非家族高管带来混乱，使决策陷入困境。因此，稳固的家族治理体系可以增进控股家族与职业经理人之间的信任。

家族和管理人员相互了解 董事会会议可以为非家族高管和家族董事提供了一个相互了解的好机会。为关键的职业经理人提供董事会席位体现了控股家族的信任，当家族成员和非家族高管在董事会上陈述各自的看法时，可以确保大家都站在同一条战线上。家族企业可以适当加大非家族经理人的参与程度，比如让一些关键的职业经理人参与家族企业的战略规划和继任计划，这样做能增强双方的互信合作。

以碧桂园为例。2020 年年报显示，董事会成员共有 13 人，其中独立非执行董事 5 名（黎明先生、石礼谦先生、唐汇栋先生、黄洪燕先生及杜友国先生）；非执行董事 1 名（陈翀先生）；执行董事 7 名，分别为杨国强先生、杨惠妍女士、莫斌先生（总裁）、杨子莹女士、杨志成先生、宋军先生（副总裁）及苏柏垣（副总裁）先生，管理层董事在执行董事中占据了 3/7。美的集团职业经理人的地位更高。美的集团股份有限公司 2019 年年报显示，董事会共有 9 人，除了 3 名独立董事（薛云奎、管清友和韩践）和 2 名大股东董事代表（何剑锋和于刚）之外，管理层董事占据了 4 席（方洪波、殷必彤、顾炎民和朱凤涛）。管理层董事占据半壁江山的事实说明，控股家族非常重视并信任职业经理人团队的专业意见，鼓励他们对美的集团的发展战略出谋划策。

除了董事会会议以外，定期召开主要职业经理人和家族股东之间的会议，也可以促进相互理解和尊重。鼓励职业经理人的参与还可以对家族的继任过程做出贡献。以嘉吉公司（Cargill）为例。[16]嘉吉公司是有着 150 年历史的大型家族企业，它有让高管层担任家族精英导师的惯例。虽然这些家族成员不直接参与经营，但他们在董事会中占据重要地位，需要通过培训确保其专业性。嘉吉设立了一所聚焦未来家族领导力的学院，专门对未在公司工作过的家族成员提供培训。尽管没有固定的教室，但这个学院组织的活动形式多样——邀请嘉吉公司的管理层来谈论公司业务以及公司如何晋升人才，或者是家族成员与高管一起商务旅行，或者是家族成员在股东会议后进行的团体旅行，这些都是管理层对他们的培训。在这些培训中，高管层会让家族成员学习和体验怎样用管理的视角去了解嘉吉。管理层会鼓励接受培训的家族成员每周提交有关公司的问题，以培养他们的好奇心和深入思考的能力。在这个家族企业里，管理层有帮助家族成员了解公司以及对有潜力的家族成员进行培训的职责。家族成员接受完培训，嘉吉公司的管理委员会要负责审查他们的资质、兴趣和技能，并决定他们是否可获得董事提名。这套制度安排对于高管层而言也十分有益，可以增加与控股家族的交往频率，增进相互了解与信任，从而更好地进行合作。

控股家族和董事会应该客观地评价高管层的绩效　如果是因为高管自身之外的原因导致无法实现预定目标，只要高管层尽了自己的努力，还是可以考虑给予适当的薪酬奖励。这样做可能会增加家族企业的成本，但可以赢得高管层的人心。

第四节　向职业经理人传播家族文化

许多家族企业都想塑造促进职业经理人忠诚度的文化，但长期以来，这个问题要么一直被家族企业所有者视为理所当然，要么被家族企业研究人员忽视。在以往调查中，职业经理人时常感觉自己像外人。家族企业可以尝试建立一种文化，让非家族管理者和员工将家族企业视为自己的"家"，当员工能在这个"家"里找到归属感时，他们就能成为家族企业有竞争力的人力资源。

以国际元立集团为例。[17] 随着企业的发展壮大，家族企业领导人陈逢坤开始将家族文化渗透至企业。"爱家的意识"是陈氏家族的核心价值观。陈逢坤认为，员工如果把企业当成家，大家就是一家人，其中每个人就都有照顾这个家的责任。他不但要求集团高管层必须具有"视所有员工为家人"的信念，而且要求集团内各事业部门的所有高级管理者都要成为让员工心悦诚服的"大家长"。为此，陈逢坤还亲自对企业内部的高级管理者进行"以身作则"的培训，并专门提炼出一本企业文化手册。《为您做好每件事——企业文化》

中说："企业文化是管理层必须在企业内倡导、贯彻的一套思想信念。身居高位者必须以身作则，通过自身的言行来实践组织的目标、哲学、原则。"《管理层须知——以身作则》更明白地表示："树立好榜样，起到示范作用，……你的赏罚、你的肯定与否定、你的心态，都会影响到下属的价值观。管理者就是下属的父母，父母树立什么榜样，孩子就跟着做，这就是家里所谓的家教，所以在企业里你们就是要做好榜样。"

陈逢坤坚持高层管理者必须从基层做起，他要求管理层必须亲力亲为，实行走动管理，这样才能克服官僚主义，深入一线了解情况。而了解一线情况必须先了解下属的工作，才可以做好督导的工作。为了落实"我们是一家人"的信念，陈逢坤要求所有管理层必须像家长爱护孩子一般地关心员工，营造家族环境的工作范围。要求管理层具体关心员工的家庭问题，也是元立集团与其他企业最大的不同。陈逢坤一再强调，家是一切的根本，既然将员工当做家人，就必须协助他们度过影响其生活的家庭困境，让他们可以安心地生活。除此之外，管理层还要帮助所有员工学习与成长，为其做好职业生涯规划，提供学习的环境与机会以及恰当的升迁渠道。他在《我们的价值观》中写道："管理层不要夸大自己的成就，高高在上，要跟其他管理者和员工保持良好的关系，不能搞个人英雄主义。"只有每一位"大家长"秉持"爱家意识"，在公正、公平、公开的制度中以身作则，经历了初级与中级管理层的浸濡与磨练，担任高级管理层时就具有"大家长"精神。然后这群"大家长"再将此精神移植至下一代，以此塑造稳固的企业文化。

无独有偶，一家总部在德国的家族企业科德宝集团（Freudenberg Group），也是凭借家族传统和企业价值观相结合形成的强大企业文化，成为存续时间超过170年的长寿家族企业。尽管科德宝的所有权属于家族成员，但在企业文化构建上，科德宝更注重营造国际化大家庭的氛围，一直强调所有科德宝的员工都是这个大家庭的成员。基于长期发展的战略定位，科德宝不遗余力地投资人才培养。其成效是，科德宝员工的忠诚度远远高于大公司平均水平。[18]

科德宝集团拥有强烈的家文化氛围，家文化的温暖与关爱不仅限于对家族成员，而且还延伸到全体员工。自从1874年卡尔（Carl Johann Freudenberg）成为公司的唯一所有者之后，卡尔就主动为员工建立了由公司出资的健康保险计划。1891年，一项要求公司明确工作说明的法律出台后，卡尔亲手草拟了"卡尔·约翰·科德宝在魏固海姆地区工厂的工作规则"，明确了有关招聘、辞退、工龄补贴、工作时间、健康保险、员工和部门职责与权力等规则。作为公司的创始人和第一代领导者，卡尔在保证企业盈利的同时，注重兼顾企业员工的利益，这在那个年代的家族企业经营中并不多见。此后，卡尔夫妇为了纪念他们的金婚成立了基金，用于企业员工和周围的社区关怀。

1914 年 8 月第一次世界大战席卷了整个欧洲乃至整个世界。公司在克服了战争时期的重重困难后，终于走上了正轨。但短暂的繁荣在 1929 年纽约股市遭遇"黑色星期五"之后戛然而止。德国的皮革出口大幅削减，而出口贸易在科德宝的销售额中占 75%。在这一时期，第二代领导人为了避免解雇员工，多次把工作周的工作时间缩短成 24 小时，由此增强了员工的凝聚力，在企业面临危机时员工们都显示出了很大的团结性。

1945 年 4 月 3 日，第三代核心人物理查德（Richard Freudenberg）被任命为市长。德国投降后，他提出了重建城市的计划，并进行了一系列行动，如安排公司的工匠修补了城镇被破坏的电缆和水渠。在军事政权被告发之后，1945 年理查德被逮捕。但指控证据不足，加上大量员工和当地民众帮助作证，他被宣告无罪。这也是科德宝集团从长期注重社会责任、关注员工利益、乐善好施等行动中所获得的回报。

作为家族第四代成员的汉斯（Hans Freudenberg），在卡尔斯鲁厄大学获得工程学位后加入公司。他特别注重公司的技术升级，以及培养和大学之间的关系。在前瞻性和社会责任意识的驱动下，他为员工提供了不少培训计划。汉斯很乐意帮助那些天赋好、工作又勤奋的学徒和年轻工人，让他们得到更好的培训机会。由于战争时期很多父母不能承担教育费用，就把子女送到工厂。1957年，公司出资赞助职业学校的学生，让他们完成学业。为了纪念两个在战争中丧生的儿子，汉斯成立了"Heiner&Walter Freudenberg 基金"来赞助有天赋的年轻人。共有150名年轻员工由此获得进入好学校学习的机会，并最终获得学位。1978年后，由于政府开始提供职业技术教育，这一赞助不再具有必要性，所有剩余的资金全部都被转入当地为纪念汉斯七十寿辰所成立的另一个基金中，此基金同样旨在资助有天赋的青年学生。

后来，一些家族合伙人多次表达了他们想运用公司资产或部分资产进行慈善行为的愿望。因此，1984年在对科德宝公司的合伙协议进行修改补充时添加了"成立科德宝慈善基金"的新条款，由此家族的慈善行动有了公司层面的支持。第四代家族成员赫尔曼（Hermann Freudenberg）担任了基金的理事会主席。科德宝慈善基金的使命是改善教育机会和促进社会参与。为此，基金会每年大约会花费250万欧元用于促进社会事业。

同样地，科德宝集团也将其社会责任实践于企业的内部，至今已有大量的援助和支持项目。比如，在科德宝成立150周年之际，公司发起了"TANNER"青年交流项目，为员工的子女和第三代提供了跨国学习的平台。此外，公司还为员工提供各种与高层交流的机会和多种多样的培训计划。

从科德宝的案例可以发现，相当多的企业在其初创期就表现出社会责任感，并把这种责任感贯穿于企业的发展中。其中，家族创始人的理念与价值观发挥了重要作用。关注员工发展，有助于提高员工的忠诚度；履行社会责任还有助于树立品牌，赢得消费者信任；此外还能获得其他利益相关者的尊敬，积累更多的社会资本，增加家族企业的竞争优势。因此，要想打造长寿家族企业，必须重视文化伦理观，将创造利润、重视利益相关者、承担社会责任有机结合起来。

第五节 小 结

1. 家族企业的现代转型并非只有引进职业经理人一条路，通过吸引最有能力的下一代家族成员，职业化地运营企业是另一条可行路径。家族企业领导者可以根据家族与企业的实际情况，选择合适的职业化管理路径。

2. 家族企业的管理模式选择会随着家族动态、企业动态和外部环境的变化进行调整，即一个家族企业在不同阶段可能采用不同的管理模式。当家族企业出现掌门人突发意外、潜在接班人尚未做好准备、家族内部缺乏能够实施现有战略或引领变革的人才时，也会考虑临时引进职业经理人过渡。

3. 家族所有者要为有才干的职业经理人创造机会和空间，通过家族成员和非家族高管的兼容机制来增强家族企业竞争力。

4. 引入职业经理人也有潜在的风险。要规避职业经理人可能的机会主义行为和道德风险，家族股东必须有系统思考，从招聘甄选这个首要环节就要进行精心规划。

5. 要留住职业经理人，家族企业关键要有长期稳定的发展战略。规范企业内部的管理制度，有助于职业经理人建立起的制度信任和稳定预期，减少他们向国有企业或者外资企业流失的风险。

6. 员工持股计划或者虚拟持股计划可以让职业经理人分享公司发展的成果。对于没有选择上市的家族企业来说，方太集团的"全员持股制"属于虚拟持股计划，可以实现对职业经理人和员工中长期激励的效果；对于上市家族企业来说，碧桂园的事业合伙人制度使职业经理人与大股东利益共享、风险同担，自上而下充分调动全员的工作积极性，从而推动公司的发展。家族企业须多方探索适合自身的薪酬激励体系。

7. 家族管理者和非家族管理者的职业机会都是家族企业可以转化为竞争优势的独特资源。促进业务的持续增长对于双方的共赢至关重要。

8. 关键的职业经理人可以为家族企业的延续提供独特服务。家族企业领导者可以让一些关键的职业经理人参与企业的战略规划和继任计划，加强家族股东与职业经理人之间的互信合作。

9. 家族企业主应该通过文化或观念传递，让职业经理人和员工将企业视为自己的"家"。这个"家"能给他们提供安全感，他们才有归属感，方能成为家族企业有竞争优势的人力资源。

参考文献

[1] 钱德勒.看得见的手——美国企业的管理革命 [M].重武,译.北京：商务印书馆，1987.

[2] 陈凌，郭萍，叶长兵.非家族经理进入家族企业：以山西票号为例 [J].管理世界，2010(12):144-154.

[3] 费孝通.乡土中国 [M].北京：北京出版社，2005.

[4] 一波说.从政治难民到最大军火商，杜邦216年。作为成功企业对当今的思索 [EB/OL].(2018-03-07)[2021-09-30].https://xueqiu.com/7718618380/102647920.

[5] 陈凌，王昊.企院·陈凌谈传承丨杜邦家族公司的现代转型(下)[EB/OL].(2019-11-26)[2021-09-30].https://mp.weixin.qq.com/s/zbChWdN4pVb3j6wGyz69XA.

[6] POZA E J. Family Business(3rd ed.) [M].Stanford: South-Western Cengage Learning,2010.

[7] 尔东."兰州黄河"怪事多多（上市公司）[N].人民日报，2000-01-31.

[8] 范博宏.关键世代：走出华人家族企业传承之困 [M].北京：东方出版社，2011.

[9] 张建琦，汪凡.民营企业职业经理人流失原因的实证研究——对广东民营企业职业经理人离职倾向的检验分析 [J].管理世界，2003(9)：129-135.

[10] 张建琦，黄文锋.职业经理人进入民营企业影响因素的实证研究 [J]. 经济研究，2003(10)：25–31.

[11] 储小平，等.变革演义三十年：广东民营家族企业组织变革历程 [M]. 北京：社会科学文献出版社，2012.

[12] 陈凌.茅理翔：创业式传承 [M]. 北京：机械工业出版社，2019.

[13] 成功人力资本研究院.深度解读共生型标杆组织方太的身股制 [EB/OL].(2019–11–06)[2021–09–30].https://www.sohu.com/a/352022036_120333823.

[14] 张歆晨.碧桂园合伙人 [N]. 第一财经日报，2016–04–07.

[15] 孔腾宇.事业合伙人模式助力碧桂园业绩登顶，它适合你的企业吗？ [EB/OL]. (2018–07–11)[2021–09–30].https://www.sohu.com/a/240571327_628446.

[16] 范黎波.嘉吉的管理发展之道：家族企业如何延续百年？[EB/OL]. (2021–04–26) [2021–09–30].https://www.jiemian.com/article/6011103.html.

[17] 钟云莺.当代儒家型企业之"企业家族"信念的探讨——以国际元立集团为例 [J]. 中国儒学，2014(1):398–456.

[18] 储小平.科德宝的社会责任"护身符"[EB/OL]. (2016–07–11)[2021–09–30]. www.cfbr.com.cn/news/685.html.

第五章

引领家族企业治理的演变

第一节 家族企业治理变革的过程

家族企业治理的目标是维持家族团结和企业永续。为了实现以上目标，家族企业有必要根据家族动态和企业的不同发展阶段进行治理结构的变革，从而实现家族（F）、所有权（O）和管理（M）三者的关系从当前状态顺利达到理想状态。[1] 图 5-1 表明演变过程中的三种状态：当前状态，代表着家族和企业的现有状态；过渡状态，大多数变革活动在此发生；渴望达到的未来状态，代表着领导者想要组织达到的理想状态。

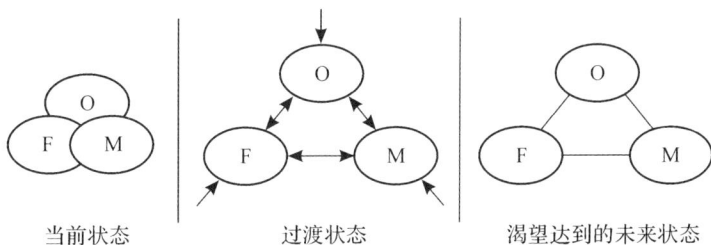

当前状态   过渡状态   渴望达到的未来状态

图 5-1 变革过程包含的三种状态

在不少实践案例中，家族企业先是发现当前状态存在问题或紧张关系，然后反思自己的目标状态究竟是什么，进而探索改变现状、到达"彼岸"的变革活动。当然，也有一些家族企业领导者未雨绸缪，思考"治未病"的方法。对于他们来说，脑海里早有理想目标，通过不断地在当前状态与理想目标之间对标来进行变革。

一般来说，家族企业治理的需求与其生命周期有密切关系，不同代的人有不同的任务。第一代人白手起家创立企业并竭尽全力使企业生存下来。第二代人必须通过变革来发展企业，或是当家族发展面临组织衰退时，解决家族内部冲突和灾难。由于不同代的人在治理问题上的看法可能不一致，要想达到这一目标必须依赖于两代人之间的相互理解与协作。因此，三种状态之间的切换需要逐步演进而非剧烈变革。

当前状态

治理变革的需求可能来源于企业外部——竞争、新技术、消费者偏好的改变等，也有一些变革的需要来自家族内部。对于家族企业领导者来说，调查并理解家族和企业内部对现状的不满非常重要。有些企业家每天忙于处理各种大大小小的问题，易于忽略一些可能触及家族企业根本问题的不满情绪。以双汇集团为例，创始人万隆先生应该了解儿子万洪建在企业战略问题上存在不满情绪。他曾因不赞同收购美国史密斯菲尔德公司，在 2013 年辞职离开万洲国际；后来是因万隆病情原因才回归的，父子二人之后在是否发展中式产品上两人的冲突不断；2020 年万洪建在双汇—万洲的视频会议上公开建议取消美式产品，专注研发中式产品，这充分透露出双方的分歧。或者万隆对此并不敏感，或者由于过度自信，导致他并未对儿子的不满予以充分重视。

在这个阶段，家族企业领导者不但要善于发现家族成员对现状的不满情绪，还要鼓励这种不满。通过疏导而非防堵行动，才能实现家族企业的健康发展。知名家族企业研究者珀扎教授强调，家族企业领导者应该对组织中存在的不满情绪保持开放心态，在关键问题上承认差别并达成共识是必要的。让我们再来回顾一下李锦记家族。1998年南方李锦记遭遇外部环境冲击，李文达的四个儿子对南方李锦记的去留看法迥异，甚至令老四李惠森一度萌发自立门户的想法，想将南方李锦记带离母公司。这令家族掌门人李文达的内心十分挣扎。一方面，他稳定军心，给南方李锦记高层管理人员打气，并派出他极信赖的邓福泉赴广州本部帮忙整顿、渡过难关。另一方面，他私下派人接触汇丰银行评估南方李锦记清盘的可行性，为最坏的情况做准备。尽管南方李锦记经过整顿之后逐渐走出低谷，这次危机却给李文达带来了极大的触动。他意识到，家族内部其实存在不同观点，目标也各异，大家前进的脚步也缓急不一，所以很容易触发矛盾，产生家人离心的问题。家族内部的情感与关系如果处理得不好，很可能会引发另一次分家。[2]正是李文达先生对李锦记当时状态持有开放的心态，才促使他开始尝试采取措施进行家族治理的变革。

与李文达先生的做法不同，香港镛记酒家的甘德辉老先生在世时，对于儿子之间观点的差异采取的是防堵方法，希望利用他作为父亲的权威来调和两个儿子的关系，而不是在承认差异的基础上，尽早让兄弟们学会如何合作制定决策。如果大家长不愿意抛弃旧传统，两代人之间缺乏相互理解与协作，甘氏家族的治理变革也就无从谈起。

除了领导者自己的感知之外，他们还可以通过以下途径对家族企业的当前状态进行诊断：（1）邀请外部专家学者对家族和管理团队提供诊断或反馈，比如《纽约时报》公司的苏兹贝格家族；（2）通过加入企业家协会或者专门的家族企业论坛，吸收相关知识并促进思考和反馈，比如新加坡国际元立集团的陈氏家族；（3）控股家族还可以与其他成功的商业家族接触并从其经历中学习，比如立白集团的陈氏家族为了治理变革，专程登门请教了方太和李锦记的实践方法。[3]

未来状态

明确企业的未来状态就是要试图确定在 5 年内期望实现的一系列结果。领导者有必要给家族和企业各自制订一个渴望实现的设想方案。以下 7 个问题应在设计方案时予以考虑。

★ 我希望核心家族企业是什么样的？经营现有业务还是从事多元化业务？

★ 我期望企业的管理结构是怎样的？兄弟姐妹之间如何分工？由家族成员担任 CEO 还是聘用职业经理人担任 CEO？

★ 我期望企业的股东大会和董事会是怎样的？股东大会
授权董事会的程度如何？是否引入外部董事？外部董事与家
族董事的比例如何？

★ 我希望大家族中其他成员的关系是怎样的？协作还是竞
争？彼此关心并在对方需要时提供支持？对企业存在不同看
法时怎样处理分歧？

★ 我期望家族的治理结构是怎样的？是否成立家族委员
会、家族办公室和家族基金会等机构？家族委员会与家族聚
会的频率如何？

★ 我所期望的股利分配政策是怎样的？是否通过创造长
期股东价值实现资本增值？

★ 我希望我的家族如何履行社会责任？通过慈善事业、
社会事务、政治还是教育？

为了达成对未来理想状态的共识，控股家族可以邀请董事会
成员和关键的职业经理人参与到问题和答案的讨论中。这样不但
可以集思广益，还可以让董事会和高管层了解家族企业的发展方
向，这将促进他们更好地为企业和股东服务。

过渡状态

在决定了是否需要变革以及理想目标之后，家族企业领导者
就要制订行动计划，并用独特的结构和系统来跟踪和控制这一
过程。

第二节　家族企业治理变革的切入点

为此，领导者必须决定变革的切入点。表 5-1 列示了不同切入点选择方案及其代表性案例。

表 5-1　变革切入点选择与代表性企业案例

切入点选择	做法	代表性企业
从管理系统开始	变革从改变高管团队的构成、个体成员角色、团队经营方式或企业战略开始	美的集团 碧桂园集团
从家族系统开始	变革之初召集家族会议、为家族成员提供更多的有用信息、创建家族委员会或者制定政策来引导家族和企业间达到所渴望的关系	李锦记集团 华茂集团
从所有权系统开始	变革之初调整所有权结构、对家族成员进行财产继承规划的教育、发展或更新股权买卖协议或者重新商定股利分配计划	国美集团
从准备最充分的系统开始	变革从对现状最为不满或者渴望变革的个人、部门或者团队开始	美的集团(管理系统) 李锦记集团(家族系统) 国美集团(所有权系统)
从新团体或临时项目组开始	领导者利用新团体(比如下一代团队、战略计划委员会、家族委员会或新成立的顾问委员会)或创建临时项目组来引领变革的初始阶段	李锦记集团 (组建家族委员会) 《纽约时报》公司 (第四代家族团体)

切入点的选择既要单独考虑各子系统，又要考虑不同系统彼此间的关系。如果从管理层开始的话，企业需要开创战略思考吗？需要聘用外部人才来补充高层团队中下一代领导者的技能吗？美的集团创始人何享健开始培育职业经理人团队，是建立在对家族—企业的双层战略规划基础之上的。如果从家族开始的话，是否需要重新协商家族成员的雇佣政策？家族是否需要确定选拔企业领导者的标准与程序？李锦记集团在选择以家族作为变革切入点时，先是组建了家族委员会，并以此为平台来探讨家族雇佣政策等重要事项。国内教育装备行业隐形冠军企业——华茂集团的治理变革也是从家族开始的，控股家族签订的《徐氏家族共同协议》对"家族股权控制""家族与企业的界限"以及"继承人能力要求"三个问题予以专门约定。[4-5] 如果从所有权开始的话，需要调整所有权结构吗？需要对家族成员进行财产继承规划的教育吗？需要建立或更新股权买卖协议或重新商定股利分配计划吗？怎样协调以上问题并有序推进？在遭遇控制权之争后，黄光裕家族以 578 间"非上市门店"作价 90 亿元来提升持股比例，从而与董事会席位控制一起为所有权系统提供双保险。

在实践中，领导者的变革可以从对现状最为不满的个人、部门或者团队开始；也可以选择利用现有的某个治理机构或是组建新团体（临时项目组）来引领变革的初始阶段。

《纽约时报》的苏兹贝格家族就是通过第四代家族成员来掌控变革的初始阶段。第三代潘趣执掌《纽约时报》期间，整个家族的后代数量日益增加，他们都很渴望进入家族企业工作并参与高层决策。然而，无论是在管理层还是在董事会，都没有明确的继承条款和规定，第三代家族成员也从未开诚布公地与他们讨论过此事。因此，在家族继任问题上积蓄了极大的矛盾。苏兹贝格家族的第四代成员不仅想打破禁止家族成员谈论继任事宜的"家规"，还希望通过坦诚地探讨来制定所有人都认可的家族宪法，以此确保家族控制权的同时还能促进家族团结。为此，由5位在公司供职的第四代表亲向第三代提出了一项大胆建议：希望召开系列会议，召集所有13个表亲及其配偶以及成年孩子，公平、公开地讨论有关由谁来主持董事会以及下一代中应有多少人进入公司的问题。为避免碍于情面的话题，他们希望聘请一位调停人来主持会谈。以上提议获得了第三代家族成员的同意。

苏兹贝格家族聘请了知名家族企业研究专家克雷格·阿罗诺夫担任家族顾问和调停人。在他的建议与协助下，"一个家庭"或"四个家庭"的问题成为讨论的核心。第四代家族成员划分成慈善、家族管理、聘用政策、受托人参与、董事继承以及家族办公室等各个小组进行讨论。1994年底，各小组完成了各自的工作，并将其讨论结果汇集并装订出来，取名为《未来建议：由第四代、第五代奥克斯－苏兹贝格家族向第三代提出》。[6]

这份家族宪法的序言声明：保持家族团结和管理《纽约时报》是家族的核心目标。为了捍卫家族报纸，个人利益要服从于家族集体利益。

关于家族股权分配，苏兹贝格第四代家族成员认为，他们是一个家族的成员，而非分别隶属于4个支系。为此，他们将4个独立的信托基金（占《纽约时报》B股的85%）合并成一个新的基金——奥克斯－苏兹贝格家族信托基金会。在新的信托基金中，第四代的13位家族成员所占的股份相等。这种安排需要丹和杰斯（朱迪的儿子）做出很大的牺牲，因为他们那一支只有两个孩子。但为了家族公司的利益，苏兹贝格家族成员非常团结。他们选举鲁思的女儿林恩担任新的家族信托基金会的托管人。

关于家族管理，苏兹贝格家族的年轻一代并不反对聘请非家族成员担任CEO，但他们一致认为，苏兹贝格家族应当拥有CEO人选的最终决定权，即家族成员必须出任董事并对董事会有控制权。

关于家族培训，苏兹贝格家族专门成立了家族事业发展委员会，第一届委员包括小阿瑟、迈克尔·戈尔登、《纽约时报》的CEO和人力资源总监。家族对下一代的继任候选人要制订详细的培养规划（包括专业培训、团队精神和心理评估）。[7]

任何变革都会经历解冻阶段—变革阶段—再冰冻阶段的过程。为了巩固变革的成果，很有必要对此进行制度化。很多成功的家族企业都会建立有效的问题处理流程和政策，并逐步写入家族宪法或企业章程中。研究和实践发现，经常性的家族会议或者持续存在的家族委员会、有独立外部人士参加的董事会（或顾问委员会）特别适合为变革制度化提供持续的沟通平台。

最后，我们希望您在阅读本章的时候，多思考一下您自己的家族企业，想想它现在处于家族企业治理的哪个阶段，您是如何引导家族企业治理的演变的，您学到了哪些经验教训，还有哪些是可以应用于自己的企业。欢迎您跟我们讲述自己的故事，分享宝贵的经验。

第三节 小 结

1. 变革过程所包含的三种状态是当前状态、过渡状态和渴望达到的未来状态。

2. 由于不同代的人在治理问题上的看法可能不一致，要想达到变革目标必须依赖于两代人之间的理解与协作。因此，变革过程三种状态之间的切换需要逐步演进而非剧烈变革。

3. 家族企业领导者不仅要善于发现家族成员对当前现状的不满情绪，还要鼓励这种不满。通过疏导而非防堵行动，才能实现家族企业的健康发展。

4. 为了达成对未来理想状态的共识，控股家族可以邀请董事会成员和关键的职业经理人参与到问题和答案的讨论中。这样不但可以集思广益，还可以让董事会和高管层了解家族企业的发展方向，这将促进他们更好地为企业和股东服务。

5. 任何变革都会经历解冻—变革—再冰冻的过程。为了巩固变革过程的成果，很有必要对变革结果进行制度化。

参考文献

[1] POZA E J. Family Business(3rd ed.)[M].Stanford: South-Western Cengage Learning,2010.

[2] 王国璋，郑宏泰，黄绍伦 . 李文达传——酱料大王的传奇 [M]. 香港：三联书店（香港）有限公司，2018.

[3] 秦丽萍，曾纯之 . 家族财富传承核心问题：传的到底是什么 [N]. 第一财经日报，2017-02-23.

[4] 慧谷家族 . 华茂集团：中国第一个家族协议 [EB/OL]. (2016-10-19)[2021-10-02].https://mp.weixin.qq.com/s/3lhO8NZtngktGGbXG7xGQ.

[5] 郭萍 . 家族治理与民营企业成长：理论与案例研究 [M]. 广州：中山大学出版社，2019.

[6] 蒂夫特 . 报业帝国:《纽约时报》背后的家族传奇 [M]. 吕娜，等，译 . 北京：华夏出版社，2008.

[7] 沈哲凡，袁达 .《纽约时报》家业之争：三兄弟谁能开启数字未来[EB/OL]. (2015-09-01) [2021-10-02]. http://www.thepaper.cn/newsDetail_forward_1370212.